Perspektiven der Soziologielehre

Perspektiven der Soziologielehre

Tagung und Enquete zur Soziologielehre 1986

Herausgegeben
im Auftrag des Vorstands der
Deutschen Gesellschaft für Soziologie

Hansjürgen Daheim/Günther Schönbauer

Leske + Budrich Opladen 1987

CIP-Kurztitelaufnahme der Deutschen Bibliothek

Perspektiven der Soziologielehre/Tagung und Enquete zur Soziologielehre 1986. Hansjürgen Daheim;
Günther Schönbauer (Hrsg.). Hers. im Auftr. d. Vorstands d. Dt. Ges. für Soziologie. — Opladen: Leske und Budrich, 1987.

NE: Daheim, Hansjürgen [Hrsg.]; Tagung und Enquete zur Soziologielehre

ISBN: 3-8100-0668-8

© 1987 by Leske Verlag + Budrich GmbH, Leverkusen
Gesamtherstellung: Druckhaus Beltz, Hemsbach.
Printed in Germany.

Inhalt

Vorwort der Herausgeber 7

Burkart Lutz: 9
Warum jetzt die Frage nach der Zukunft der Soziologieausbildung stellen?

Diskussion 17

Laszlo A. Vaskovics: 27
Soziologie als berufsqualifizierendes Studium

Friedhelm Neidhardt: 51
Soziologiestudium und Nachwuchssicherung

Diskussion 59

Manfred Brusten: 69
Soziologiestudium und aktive Professionalisierung

Diskussion 81

Ludwig von Friedeburg: 85
Bildungsexpansion und Soziologiestudium

Diskussion 89

Hartmut Esser: 97
Überlegungen zur Förderung des wissenschaftlichen Nachwuchses

Diskussion 107

Günter Endruweit: 113
Soziologie als Nebenfach

Justin Stagl: 131
Soziologie als Bildungsstudium

Diskussion 139

Abschlußdiskussion 149

Liste der Tagungsteilnehmer 161

Hansjürgen Daheim/ Günther Schönbauer: 163
Ergebnisse der Enquete zur Soziologielehre

Vorwort der Herausgeber

Auf dem Hintergrund der deutlich verschlechterten Arbeitsmarktsituation für Soziologen wie auch der Beratungen der Studienreformkommission hat der Vorstand der Deutschen Gesellschaft für Soziologie (DGS), zusammen mit dem Ausschuß und den Landesbeauftragten für Lehre, seit 1983 über die "Lehrgestalt" des Fachs diskutiert. Daraus ergab sich der Beschluß, 1986 eine Enquete zur Situation und eine interne Arbeitstagung zu den Perspektiven der Soziologielehre durchzuführen. Die Enquete fand in der ersten Jahreshälfte, die Tagung Ende Juni in Schloß Rauischholzhausen statt. Tagungsteilnehmer waren, neben den schon erwähnten Funktionsträgern der DGS, Repräsentanten der Schwesterorganisationen der Pädagogik, Politikwissenschaft und Psychologie sowie der Soziologie in Österreich und in der Schweiz, und, nicht zuletzt, Fachkolleginnen und -kollegen verschiedener bundesdeutscher Hochschulen.

Ausgangspunkte und Ziele der Tagung sind im Einleitungsreferat von Burkart Lutz skizziert. Eine knappe Zusammenfassung der Tagungsergebnisse wurde zur Vorbereitung der Mitgliederversammlung anläßlich des Hamburger Soziologentages in "Soziologie", 2/1986, S. 160-162 veröffentlicht.

Im Auftrag des Vorstandes der DGS legen wir nunmehr

die "Verhandlungen" der Lehrtagung und den Bericht über die Ergebnisse der Lehrenquete vor. Die Referate werden im Wortlaut, die sehr ausführlichen Diskussionen in Form themen-orientierter Berichte wiedergegeben. Im Sinne der in Rauischholzhausen vielfach angesprochenen Funktion der DGS als "Diskussionsforum" ist diese Veröffentlichung als Information der Mitglieder und als Beitrag zu einer hoffentlich intensiven Reflexion der Lehrgestalt des Fachs gedacht.

Zu danken ist den Kolleginnen und Kollegen, die im Rahmen der Enquete über die Soziologielehre an ihrer Einrichtung berichtet haben, und der Stiftung Volkswagenwerk für die Förderung der Enquete und der Tagung.

Bielefeld, im Februar 1987

H.D. G.Sch.

Warum jetzt die Frage nach der Zukunft der Soziologieausbildung stellen ?

Burkart Lutz

1. Das Konzept des berufsqualifizierenden Diplomstudienganges

Seit den 50er Jahren orientierten sich Aufbau und Ausbau soziologischer Hauptfach-Studiengänge in erster Linie an dem Konzept des berufsqualifizierenden Diplomstudiums, wie es sich seit langem bei Ingenieuren und Wirtschaftswissenschaftlern durchgesetzt und bewährt hat.

Dieses Konzept beruht auf drei Prämissen:

a. Sind am Ort ausreichende Lehrkapazitäten vorhanden, so läßt sich in einem didaktisch gut strukturierten acht- bis neunsemestrigen Studiengang eine Qualifikation vermitteln, die im Schnitt (wenn vielleicht auch nicht in jedem einzelnen Falle) gute Berufschancen eröffnet, da der Absolvent einer solchen Ausbildung die grundlegenden Fertigkeiten und Kenntnisse erworben hat, die benötigt werden, um entweder schnell produktiv tätig zu werden oder mit hohen Erfolgsaussichten in einen beschäftigerspezifischen Einarbeitungs- und Spezialisierungsprozeß einzutreten.

b. Gute Arbeitsmarktgängigkeit und Berufschancen von Absolventen eines Diplomstudienganges sichern auch die Position des Faches innerhalb der Universität. Dies in mehrfacher Hinsicht: Das Fach befindet sich in ausreichend starker Verhandlungsposition bei den Allokations- und Verteilungsauseinandersetzungen über die universitären Ressourcen.
Dank der Attraktivität des Studienganges ist das Fach in der Konkurrenz um die Studienanfänger gut plaziert und eine ausreichend positive Selbstauslese der Studierenden gewährleistet. Im Studium wird durch die mit einem erfolgreichen Studienabschluß vermittelten Chancen ein ausreichend hohes Selektions- und Motivationspotential begründet. Es versteht sich von selbst, daß diese verschiedenen Aspekte der inneruniversitären Position des Faches nicht unabhängig voneinander sind, sondern sich wechselseitig stützen und verstärken.

c. Durch die unter a) und b) genannten Momente wird ein kontinuierlicher Strom von Studierenden und Diplomanden erzeugt und erhalten, aus dem ohne große Schwierigkeiten auch der wissenschaftliche Nachwuchs im engeren Sinne gewissermaßen herausdestilliert werden kann. Unter den normalen Soziologiestudenten und Diplomanden gibt es genügend Personen, die für eine wissenschaftliche Laufbahn im engeren Sinne ausreichend begabt und motiviert sind. Sie können dann ohne Schwierigkeiten in einem offenen und unstrukturierten Prozeß, dessen erste Etappe die Promotion darstellt, hier und in Lehre und Forschung weiter qualifiziert werden.

2. Differenzen zwischen Norm und Realität als Übergangserscheinung

Natürlich war der Fachöffentlichkeit immer bewußt, daß mit dem Konzept des berufsqualifizierenden Diplomstudienganges recht hohe Anforderungen an die materielle und personelle Ausstattung der soziologischen Institute und Fachbereiche und an die Strukturiertheit von Lehre und Prüfungspraxis verbunden sind, die allenfalls an einem Teil der Hochschulen, die Diplomstudiengänge eingerichtet hatten, tatsächlich erfüllt wurden. Dies änderte jedoch nichts an der normativen Kraft des Konzeptes, das weithin (und nahezu ohne jeden öffentlichen Widerspruch) als Zielorientierung für die Entwicklung der Soziologielehre betrachtet wurde.

In einer Situation rapider Expansion sowohl der Zahl der Soziologiestudenten wie der soziologischen Lehrkapazitäten mußten sicherlich, durften aber eben auch Abweichungen zwischen dem Ideal einer voll funktionstüchtigen Ausbildung auf der einen Seite und der Realität einer auf wenige Lehrstühle beschränkten und weder im Hinblick auf das Stoffangebot, noch auf die Strukturierung des Studienganges wirklich befriedigenden Ausbildungspraxis andererseits an vielen Universitäten in Kauf genommen werden. Einmal konnte man darauf hoffen, daß aus diesen Widersprüchen zwischen Norm und Realität auch ein Druck auf die zuständigen Ministerien resultierte, der über kurz oder lang zur Errichtung zusätzlicher Stellen führen mußte. Andererseits gab es zumindest einige Universitäten, die unbestritten ein so gut ausgebautes und strukturiertes Ausbildungsangebot hatten, daß sie - wie man allgemein annahm: vorübergehend - auch andere Orte und Einrichtungen mit qualifiziertem Nachwuchs für Lehre und Forschung versorgen konnten.

Für die fachinterne Diskussion ging es dann allenfalls um die taktische Frage, wie deutlich - vor allem durch Formulierung hoher Mindestanforderungen an die personelle Ausstattung von Instituten bzw. Fachbereichen mit Diplomausbildung - der Widerspruch zwischen Ideal und Realität hervorgehoben werden soll, um nicht einerseits bestehende (und bei zu hohen Standards unzweifelhaft als defizitär erscheinende) Lehrkapazitäten und Stellen zu gefährden, ohne andererseits den Druck auf die Kultusministerien zu verbesserter Stellenausstattung zu sehr abzuschwächen.

3. Eine grundlegend neue Situation

Seit einigen Jahren hat sich freilich, wie wir alle wissen, die Lage stark verändert. Und offenkundig werden hierdurch Prämissen grundlegend in Frage gestellt, auf denen bisher die zentrale Stellung des Konzepts berufsqualifizierender Diplomausbildung in der Soziologielehre beruhte.

Zwei Veränderungen sind hierbei vor allem zu nennen:

a. Die beruflichen Chancen, die mit dem Abschluß eines Diplomstudiums in Soziologie eröffnet werden, haben sich gegenüber den Verhältnissen bis zur Mitte der 70er Jahre radikal verschlechtert. Dies bedeutet nicht nur, daß die Wahrscheinlichkeit dafür, in einer angemessenen Zeit nach dem Examen einen Arbeitsplatz zu finden, für Soziologen nicht sehr hoch ist. Dies bedeutet darüber hinaus, daß Diplomsoziologen an den Arbeitsplätzen, die sie (nach einer mehr oder minder langen Such- und Wartezeit) dann doch finden, in großem Umfange Bedingungen

(Tätigkeitsinhalte, die mit der Ausbildung und den vielleicht hierbei entwickelten Ansprüchen wenig zu tun haben; ein Verdienstniveau, das weit unter dem früher ganz selbstverständlichen BAT IIa liegt; vor allem aber eine weit verbreitete "Prekarität" im Beschäftigungsstatus) akzeptieren müssen, die vor 10 Jahren schwer vorstellbar gewesen wären.

In dieser Entwicklung kombinieren sich natürlich zwei Momente: Einmal ein genereller und alle Fachrichtungen gleichermaßen treffender Epochal- bzw. Generationseffekt, der sich insbesondere daraus ergibt, daß geburtenstarke Jahrgänge in einem Augenblick die Hochschule verlassen, in dem die gesamtwirtschaftliche Beschäftigungslage schlecht und zusätzlich noch der Neu- und Ersatzbedarf in den herkömmlichen Tätigkeitsfeldern von Hochschulabgängern, vor allem im öffentlichen Dienst, sehr niedrig ist. Zum anderen ein fachspezifischer Effekt, der insbesondere daraus resultiert, daß in den 70er Jahren der "Markt" für Diplomsoziologen massiv vom Ausbau der Soziologieausbildung an den Universitäten geprägt war und daß nach deren Ende kaum eine vergleichbare Nachfrage anderer Art kompensatorisch wirksam geworden wäre.

Auch wenn sich der Generationseffekt in absehbarer Zeit abschwächen sollte, spricht doch wenig dafür, daß es der Soziologie gelingen sollte, das fachspezifische Handicap durch Erschließung neuer Einsatzmöglichkeiten für Diplomsoziologen in dem Maße zu überwinden, wie dies angesichts der bis in die frühen 80er Jahre rapide ansteigenden und auch heute - trotz einem gewissen Rückgang - immer noch hohen Studienanfängerzahlen notwendig wäre.

b. In unmittelbarem Zusammenhang hiermit, aber auch im Gefolge eines Umschwungs in der öffentlichen Einschätzung von Sinn und Wichtigkeit der Soziologie, hat sich auch die inneruniversitäre Position des Faches vielerorts offenkundig verschlechtert. Dies gilt keineswegs nur für die verfügbaren Ressourcen bzw. deren Bedrohung durch Kürzungen. Dies scheint zunehmend auch für die Selbstselektion der Studenten zu gelten, die ein Studium der Soziologie beginnen; entsprechend vermindert sich dann auch das Selektions- und Motivationspotential des Studienganges.

4. Offene Fragen

Damit stellen sich mehrere Fragen, die für die Zukunft des Faches von zentraler Bedeutung sein können und denen im Rahmen dieser Arbeitstagung etwas intensiver nachgegangen werden sollte:

a. Eine erste, durch die Arbeiten der Zentralen Studienreformkommission wieder sehr aktuell gewordene Frage richtet sich auf Möglichkeit und Opportunität, die Qualität der Diplomausbildung (insbesondere durch deren "Härtung") zu erhöhen und auf hohem Niveau bundesweit zu homogenisieren.

b. Skepsis im Hinblick auf die Wünschbarkeit oder Realisierbarkeit einer solchen Härtung des Diplomstudienganges führt unmittelbar zu einer weiteren Frage: Ist es unter diesen Umständen und im Hinblick auf die langfristige Reproduktion der Profession noch zu verantworten, die Heranbildung des wissenschaftlichen Nachwuchses so "offen" zu handhaben, wie bisher, und darauf zu vertrauen, daß sich aus der Masse der Studierenden und Diplomierten schon genügend gute Leute heraus"mendeln" würden, die dann auf ganz natürliche Weise in Lehre und Forschung hineinwachsen? Oder wird es dann nicht unvermeidlich, für die Heranbildung des wissenschaftlichen Nachwuchses besondere Vorkehrungen zu treffen, für die sich insbesondere auch Aufbaustudiengänge anbieten?

c. Eine dritte Frage bezieht sich endlich darauf, was eine wissenschaftliche Gesellschaft wie die DGS in dieser Situation und angesichts der Antworten, die sich vielleicht in der Diskussion auf die beiden vorausgegangenen Fragen herauskristallisieren, tun kann und tun soll. Gibt es einen dringlichen Handlungsbedarf und wenn ja, in welcher Richtung? Und hat die DGS überhaupt ernstzunehmende Handlungsmöglichkeiten, verfügt sie über Ressourcen, Macht und Einfluß, die sie gegebenenfalls in die Waagschale werfen könnte?

Der Vorstand der DGS ist sich darüber im klaren, daß wir in gut eineinhalb Tagen, die wir hier zusammen verbringen werden, kaum wirklich bündige und von einem breiten Konsens getragene Antworten auf solche Fragen finden werden. Dazu sind allein schon hier in diesem Kreise zu unterschiedliche Erfahrungshintergründe und Interessen vertreten. Der Vorstand ist jedoch andererseits der Überzeugung, daß es höchste Zeit ist, über Fragen dieser Art eine Debatte im Fach in Gang zu bringen, auch, ja gerade dann, wenn hierbei sehr kontroverse Positionen vertreten werden. Nur eine breite Debatte kann die - aktuellen und langfristigen - Interessen des Faches wie der einzelnen Institute und Fachbereiche so klar herausarbeiten, daß dann unter den sich anbietenden Optionen eine rationale Wahl getroffen werden kann.

Nur so wird die Soziologie fähig sein, auf Handlungsnotwendigkeiten, aber auch auf Handlungsopportunitäten adäquat zu reagieren, die vielleicht schon sehr bald auftreten werden. Wir hoffen, daß zu dieser Debatte von unserer Veranstaltung ein recht kräftiger Anstoß ausgehen möge.

Diskussion

1. Das Konzept des "berufsqualifizierenden Studiums" und die "Identität" des Fachs

"Identität" oder Einheit des Fachs wurde als für die Öffentlichkeit erkennbarer Kern von Kompetenzen und gleichzeitig als ein zentrales Problem bestimmt (Hartwich). Die Anwendung dieses Begriffs zur Beschreibung einer Profession fand sofort als unzulässige Generalisierung Kritik (Lautmann), wurde aber mit Blick auf Psychologie und Psychologen als brauchbar bezeichnet (Nunner-Winkler).

Nachdem das Einleitungsreferat (Lutz) die Identität des Fachs mit dem "Konzept des berufsqualifizierenden Studiums" zusammengebracht hatte, wurde kritisiert, daß dieses Konzept nicht die historische Entwicklung des Fachs angeleitet habe (Siefer). In einer Reihe von Beiträgen (Büschges, Daheim, Lamnek) wurde dazu ausgeführt, daß das Konzept seine "orientierende Funktion" für die Profession erst lange nach der Einführung des Hauptfachstudiums in den 60er Jahren erhalten habe, die beeinflußt war durch die Hochschulexpansion, die staatliche Reformpolitik, das naturwissenschaftliche Modell der Sozialwissenschaften und ausländische Vorbilder, nicht zuletzt auch durch den Druck mancher Ministerien, Prüfungs und Studienordnungen am Ziel der Berufsqualifizierung oder Berufsfeldorientierung auszurichten. Und auch noch später hätten viele Einrichtungen ihre Lehre allenfalls tendenziell an diesem Konzept orientiert.

Die Diskussion machte deutlich, wie stark die Entwicklung des Fachs, insbesondere seiner Lehrgestalt, durch "Außenbedingungen" bestimmt worden ist, und sie stimulierte die Warnung, im Interesse der "Strategiefähigkeit" des Fachs die Veränderungen dieser Umstände nicht aus dem Auge zu verlieren und weiterhin auf günstige "Opportunitäten" zu hoffen (Lutz, Rosenbaum).

2. Berufsqualifizierendes Studium als forschungsorientierte Hauptfachausbildung

Ausgehend von der Feststellung, daß es außerhalb der Universität keine "institutionalisierten Berufslaufbahnen" für Soziologen gibt, wurde sehr bald die Frage nach der berufsqualifizierenden Ausbildung dahingehend beantwortet, daß es sich dabei um die Befähigung zu "theoriegeleiteter empirischer Forschung" handele (Hoffmann-Nowotny). Am Zürcher Beispiel wurde das als Ausbildung mit Schwerpunkt in Theorie und Methoden bestimmt, an die ein zweijähriges Forschungsstudium anschließt. Die Absolventen könnten sich dann auf halben Stellen bis zur Promotion als Forscher weiterqualifizieren. Voraussetzung dafür sei natürlich, daß die Professoren sich die Mühe machen, Forschungsprojekte zu konzipieren und deren finanzielle Förderung über Drittmittel zu erreichen. Die Absolventen fänden in der Universität ohne Schwierigkeit Stellen, da es einen großen Bedarf an qualifizierter sozialwissenschaftlicher Forschung gebe. Im übrigen sei die in einer forschungsorientierten

Ausbildung erworbene Qualifikation auch in bestimmtem Umfang generalisierbar, z.B. als Basis für journalistische Berufstätigkeit.

Die These vom wachsenden Bedarf an kompetenter sozialwissenschaftlicher Forschung wurde auch von anderen Diskussionsteilnehmern unterstrichen (Gerhardt, Neidhardt, Zapf). Dabei wurde aber auch auf die verschiedenen Paradigma verwiesen, denen Forschung folgt, und es wurde zwischen der "Forschungskompetenz" und der "Forschungsverwertungskompetenz" unterschieden (Neidhardt), letztere illustriert durch den Hinweis auf die Fülle der Forschungsergebnisse, die von Unternehmen und Behörden zu verarbeiten sind.

In einem Beitrag wurde die einseitig forschungsorientierte Bestimmung berufsqualifizierender Ausbildung bemängelt: Bisher sei von "berufsfeldorientierter" Ausbildung noch nicht die Rede gewesen, über die "inhaltlichen Kenntnisse von (für Soziologen relevanten) gesellschaftlichen Praxisfeldern" noch nicht gesprochen worden (Brusten). Dem wurde aber entgegengehalten, daß es in diesem Stadium der Diskussion sinnvoll sei, generell über ein berufsqualifizierendes Studium zu reden; dieses beschränke sich natürlich nicht auf das Konzept forschungsorientierter Ausbildung, sondern es umfasse auch die "Bielefelder berufsbezogene Soziologenausbildung" (Lutz). Der letztere Hinweis wurde in dieser Diskussion zunächst aber nur in zwei Beiträgen aufgenommen, die die Realisierung dieses Konzepts in Frage stellten: die Soziologen könnten dem Stadtplaner nicht sagen, wie er planen solle (Zapf); und eher indirekt: viele Studierende zeigten ein "bemerkenswertes Desinteresse" an einer glatten Berufskarriere" (Heid, am Beispiel der Pädagogen). Erst später war von Berufsfeldorientierung im Zusammenhang der integrierten Studiengänge die Rede.

3. Probleme und Konsequenzen forschungsorientierter Soziologenausbildung

Die Diskussion zeigte neben grundsätzlicher Zustimmung zum Konzept "Ausbildung von theoriegeleiteter empirischer Forschungskompetenz" aber auch auf verschiedenen Ebenen Grenzen seiner Realisierbarkeit auf und sie machte daneben deutlich, daß allein von diesem Konzept her die Einheit des Fachs nicht begründet werden kann.

Zunächst wurde darauf aufmerksam gemacht, daß ein forschungsorientiertes Studium als Diplomstudiengang kaum organisiert werden könne. Anspruchsvolle Forschung sei nur schwer mit Diplomanden zu betreiben (Esser); nach den in der Bundesrepublik derzeit üblichen Richtlinien der Forschungsförderung könne ein forschungsorientiertes Studium erst in der Phase zwischen Diplom und Promotion mit halben Stellen rechnen (Lutz).

Hinsichtlich eines Versuchs, die Einheit des Fachs über das Konzept forschungsorientierter Ausbildung herzustellen, machten mehrere Beiträge auf die dabei gegebene Gefahr der "Bornierung" des Fachs durch die "Ausblendung ganzer Traditionen und Denkmöglichkeiten" aufmerksam (Büschges, Hartwich, Heid, Neidhardt, Zapf). Sie verwiesen auf die modernen Wirtschaftswissenschaften, die policy-Forschung ohne Politik und auf das Unbehagen vieler Psychologen an der Entwicklung ihres Fachs und reklamierten die Bildungs- und therapeutischen Elemente der Soziologie als unverzichtbar. Sie mahnten schließlich noch einmal, die unterschiedlichen Konzeptionen theoriegeleiteter Forschung ernst zu nehmen.

In anderen Beiträgen wurden die Grenzen dieses Konzepts mit eher institutionellen Argumenten aufgezeigt (Lutz, Mintzel, Neidhardt, Zapf): Seine Realisierung habe eine regelrechte "Flurbereinigung" unter den ausbildenden Instituten zur Folge; etwa ein Drittel der Institute könne dieses Ausbildungskonzept gar nicht realisieren. Es seien auch die Service- und Bildungsfunktionen für das Fach wichtig; man könne die vielen Nebenfachstudenten nicht einfach wegschicken. Im übrigen gefährde die Realisierung des Konzepts viele Stellen in den Einrichtungen.

Wieder andere Beiträge argumentieren von der Motivation der Studenten her als einem zentralen Umstand für die Ausbildungsoptionen des Fach (Heid, Lamnek, Laumann). Der Verzicht auf eine "kanonisierte" und "standardisierte" Ausbildung eröffne verschiedenen studentischen Motivationen eine Chance; verschiedene Studiengänge hätten unterschiedliche Anziehungskraft auf die Studenten: an vielen Stellen "revoltierten" diese gegen eine Soziologie, die ihre Einheit über die Kompetenz zur theoriegeleiteten Forschung definiere und damit die Ausbildung "berufsqualifizierend" zu machen glaube. Die Soziologie müsse neben Theorie und Methoden auch Platz für Fragestellungen haben, die sich nicht ohne weiteres in diesen Rahmen einer forschungsorientierten Konzeption einordnen ließen.

Am Beispiel der Medizinerausbildung in den USA kurz nach der Jahrhundertwende wurden einige der Bedingungen für eine durchgreifende Ausbildungsreform deutlich gemacht (Gerhardt). Als für die Soziologie zentrale

Realisierungsumstände wurden die Interessen der einzelnen Institute angesprochen, die unterschiedliche Konzeptionen des Fachs einschlössen und die ernst genommen werden müßten; eine "Einheitslösung" für die Ausbildungsprobleme des Fachs wurde als nicht möglich bezeichnet (Lutz). Die Entwicklung der Studentenzahlen wurde als ein weiterer Realisierungsumstand genannt; man könne heute nur wenig über die Situation Anfang der 90er Jahre sagen - Phantasie sei gefragt (Rosenbaum).

4. Pluralität der Ausbildungskonzeptionen und die Einheit des Fachs

In der Diskussion um das Konzept der forschungsorientierten berufsqualifizierenden Ausbildung kam bald auch die Warnung vor einer unnötigen und falschen Frontstellung (Endruweit, Siefer): Es gäbe längst nicht-forschungsorientiert tätige Soziologen, etwa in Zeitungsredaktionen oder Personalabteilungen. Mit dem Nebeneinander von Diplom- und Magisterstudiengang könne in beide Richtungen ausgebildet werden. Das sichere die notwendige Differenzierung des Fachs bei Wahrung seiner Einheit.

Zwei Beiträge (Hoffmann-Nowotny, Stagl) zeigten am Beispiel der philosophischen Fakultät Chancen einer "geisteswissenschaftlich" verfahrenden Soziologie auf. Diese Soziologie habe eigene Verfahren, die im Unterschied zu denen der empirisch-theoretischen Soziologie weniger kodifiziert und daher auch schwieriger zu lernen und zu lehren seien; sie hätten ihre eigenen Standards, welche häufig auch die der korrespondierenden geisteswissenschaftlichen Fächer seien. Und daher passe diese Soziologie zu vielen Fächern der philosophischen Fakultät. Sie eröffne damit dem Soziologiestudenten gute Studien-

wie auch Berufschancen. Geisteswissenschaftliche und empirisch-theoretische Soziologie könnten trotz unterschiedlicher Verfahren und Denkstrukturen eine Einheit bilden, ähnlich wie die theoretische und die experimentelle Physik. Für die Pädagogik wurden die guten Berufsaussichten von Generalisten unterstrichen, allerdings auch auf die besondere Nachfragesituation für diese Qualifikation hingewiesen (Heid).

In dieser Diskussion wurden unterschiedliche Auffassungen über das Verhältnis von Diplom- und Magisterstudiengängen sowie über den berufsqualifizierenden Charakter der geisteswissenschaftlich orientierten Soziologenausbildung angedeutet, aber nicht ausdiskutiert. Nach der einen Auffassung (Hoffmann-Nowotny) ist die geisteswissenschaftlich ausgerichtete Soziologenausbildung geradezu dadurch charakterisiert, daß sie nicht auf eine Berufstätigkeit vorbereiten will: Die guten Absolventen fänden als "intelligente Menschen" schon einen angemessenen Erwerb. Die andere Auffassung (Siefer) bedauerte, daß der Magisterstudiengang nach den derzeit im öffentlichen Dienst der Bundesrepublik geltenden Regeln keinen berufsqualifizierenden Abschluß darstelle, also eine entsprechende Eingruppierung bei Aufnahme einer Tätigkeit dieser Art erschwere. Dahinter stehe die Tatsache, daß eine von der Zielsetzung her berufsqualifizierend angelegte Soziologenausbildung derzeit sowohl mit einem Diplom- wie mit einem Magisterexamen abgeschlossen werden könne; beide Studiengänge seien von Ziel und Inhalt der Ausbildung her vielfach keine Alternativen. Gegen diesen Zustand wandte sich ein Beitrag, der den Magisterstudiengang dem Diplomstudiengang unterordnete: Der Diplomsoziologe als "Lichtbild der Disziplin" (Endruweit), die für andere Ausbildungsgänge das normative Konzept abgebe.

In einem anderen Beitrag galt der berufsqualifizierende (Diplom-)Studiengang als die Konzeption, die die "essentials" des Fach vorbildlich formuliere und damit kleineren Instituten beim Kampf um knappe Ressourcen Rückendeckung gebe (Mintzel).

Die Frage nach der Berufsqualifizierung in einem "tätigkeitsfeldorientierten" Konzept der Soziologenausbildung wurde schließlich von den "integrierten Studiengängen" am Beispiel der Diplom-Sozialwirte aufgerollt (Rosenbaum). In diesem Studiengang, der eine "dritte Konzeption" der Soziologielehre nach Art der Staatswissenschaften darstelle, sei Soziologie mit anderen, vor allem rechts- und wirtschaftswissenschaftlichen Fächern an einer Ausbildung beteiligt, die auf eine Berufstätigkeit in Verbänden, Unternehmen usw. vorbereite. Das Identitätsproblem stelle sich hier als Problem der Integration der Soziologie in andere Sozialwissenschaften. Auch das müsse "ein sinnvolles Fachverständnis von Soziologie ermöglichen", wenngleich das "theoretische Konzept" eher "verschwommen" sei und der Tätigkeitsfeldbezug im Vordergrund stehe.

5. Standards in der Ausbildung und was die Deutsche Gesellschaft für Soziologie tun kann

In mehreren Diskussionsbeiträgen wurde unterstellt, daß es für den in der Forschung oder in anderen universitären und außeruniversitären Bereichen tätigen Soziologen "professionelle Standards" gebe, denen sein Handeln entsprechen müsse. Die Diskussion richtete sich aber nur auf Standards für die Qualität der Ausbildung. Die diesbezüglichen "erheblichen örtlichen Probleme" (Lutz) wurden durch den Hinweis spezifiziert, daß es

Institute gebe, die keine Zwischenprüfung kennten bzw. in deren Abschlußexamen der Student nicht durchfallen könne; diese "falsch verstandene Liberalität" schade dem Fach und nütze nicht einmal den Studenten (Gerhardt). Mehrfach wurde betont, daß eine qualitativ hochwertige Ausbildung eine Mindestausstattung der Einrichtung mit Personal- und Sachmitteln voraussetze (Landwehrmann, Mintzel), und auf das unzureichend ausgestattete "Drittel der Institute" Bezug genommen.

Für die DGS als "idealer Gesamtsoziologe" wurde betont, daß sie "generelle Standards, Orientierungspunkte, Prinzipien" beisteuern könne, daß es aber keine Einheitslösung des Ausbildungsproblems gebe, daß die "Standardkriterien" nicht zu vereinheitlichen seien (Lutz). Andere Beiträge gingen in die gleiche Richtung: Die Stärke des Fachs läge in seiner Diversität (Nunner-Winkler); es gebe für Soziologen mehrere Arbeitsmärkte (Zapf). Die DGS müsse die "örtlich divergierenden Interessen" ernst nehmen und in Diskussionen wie der gegenwärtigen klären, ob es gemeinsame Orientierungspunkte für das Fach oder gar eine "gewisse Homogenisierung des Verhaltens in ähnlichen Situationen" geben könne. Zu prüfen sei auch, ob nach dem Vorbild anderer Fächer "überörtliche Allianzen" möglich sind, ohne den erwähnten Preis der Standardisierung des fachlichen Wissens zu zahlen. Die Beiträge sprachen sich in diesem Teil der Diskussion eher für Unterstützung als für Korrektur örtlicher Interessen und Verhältnisse durch die DGS aus.

Soziologie als berufsqualifizierendes Studium

Laszlo A. Vaskovics

Vorbemerkung

Die fachinterne Diskussion über das berufsqualifizierende Soziologiestudium ist durch einige Mißverständnisse belastet, die vorab einer Klärung bedürfen.

Erstes Mißverständnis: In der Diskussion wird unterstellt, daß es im Prinzip zwei Modelle des soziologischen Studienganges gibt (bzw. geben kann): das berufsqualifizierende und das nicht berufsqualifizierende. Diese Alternative ist eine Scheinalternative. Nach dem Hochschulrahmengesetz führen Studiengänge in der Regel zu einem berufsqualifizierenden Abschluß. Das Studiengangsprinzip, dessen wesentliches Kennzeichen die Normierung der Studiengänge und Prüfungsanforderungen ist, hat seinen Ausgang von staatlichen Regelungen über das Berufszulassungsrecht genommen und sich inzwischen als logische Folge der zunehmenden Berufsorientierung des Studiums auch auf die übrigen Studienangebote erstreckt (vgl. P. DALLINGER u.a., 1978, 63 ff.). Heute sind nur noch das Studium einiger kleinerer Fächer mit dem Abschluß "Promotion" und das Aufbaustudium nicht in Form von berufsqualifizierenden Studiengängen strukturiert. Die Alternative in der Diskussion kann daher nicht heißen: Soziologie als berufsqualifizierender oder nicht berufsqualifizierender Studiengang, sondern nur: Soziologie in der Lehre als eigener Studiengang - ja oder nein?

Zweites Mißverständnis: In der Diskussion wird unterstellt, daß der Diplomstudiengang berufsqualifizierend, der Magisterstudiengang demgegenüber nicht berufsqualifizierend ist. Auch diese Alternative gibt es nach dem Gesetz nicht. Nach dem Hochschulrahmengesetz sollen die Magisterstudiengänge genauso zu einem berufsqualifizierenden Abschluß führen wie die Diplomstudiengänge. Nur die Studienorganisation des Magisterstudienganges ist anders als die des Diplomstudienganges.

Drittes Mißverständnis: In der Diskussion wird Berufsqualifikation mit "Berufsfertigkeit" im Sinne von sofortiger voller Einsatzfähigkeit gleichgestellt. Eine genaue Definition des Begriffes "berufsqualifizierender Abschluß" enthält das Gesetz nicht; er kann nach fachspezifischen Besonderheiten bei der Festlegung der allgemeinen Studienziele für die einzelnen Studiengänge unterschiedlich definiert werden.

Um welche Fragen kann es nun in der Diskussion unter diesen Voraussetzungen gehen?

a. Soll Soziologie in der Lehre auch künftig als eigener Studiengang angeboten werden? Bei Bejahung dieser Frage müßte man allerdings davon ausgehen, daß der Studiengang nach dem Studiengangsprinzip nur als berufsqualifizierend vorgesehen werden kann. Alternativen wären: Soziologie als Nebenfachstudium, Soziologie als Aufbaustudium, Soziologie als Promotionsstudium.

b. Soll der soziologische Studiengang als Diplom- oder als Magisterstudiengang organisiert werden?

c. Wie soll der soziologische Studiengang unter Berücksichtigung der fachspezifischen Besonderheiten konzipiert werden?

d. Die wichtigste aktuelle Frage aber ist: wie kann der soziologische Studiengang auf das (Qualifikations-)Niveau vergleichbarer Diplom- und Magisterstudiengänge (wie z.B. des Studienganges Volkswirtschaftslehre, Psychologie) gebracht werden?

1. Zur Notwendigkeit des soziologischen Studienganges

Die wesentlichen Argumente zur Begründung von Notwendigkeit und Sinnhaftigkeit des soziologischen Studienganges (wobei in der Diskussion oft nur von dem "berufsqualifizierenden Diplomstudium" die Rede ist) wurden im Laufe der vergangenen Jahre in verschiedenen Veröffentlichungen genauso vorgetragen wie die Gegenargumente. Ich möchte auf diese Argumente und Gegenargumente im Detail nicht eingehen; denn aus ihrer "Bilanzierung" kann die Entscheidung für oder gegen den soziologischen Studiengang als berufsqualifizierendes Studium ohnehin nicht abgeleitet werden. Die Diskussion auf dieser Ebene führt nicht weiter.

Ich bin der Meinung, daß über die Existenz des berufsqualifizierenden soziologischen Studiums für eine Grundsatzentscheidung heute kaum mehr ein Spielraum besteht. Die Entwicklung bei der Errichtung von soziologischen Studiengängen in der Bundesrepublik Deutschland ist bereits so weit vorangeschritten, daß wir den Studiengang (als berufsqualifizierendes Studium) ohne vertretbaren Schaden nicht mehr abschaffen können. Egal wie man zum soziologischen Diplom- und Magisterstudiengang als berufsqualifizierendem Studium steht, muß man sich auf seine Existenz einstellen, und zwar aus mehreren Gründen:

a. Mit der Errichtung des soziologischen Studienganges an 15 Universitäten und Hochschulen als berufsqualifizierendem Diplom- und/oder Magisterstudium wurden bei vielen jungen Menschen berufliche Erwartungen geweckt: der aus diesen Erwartungen resultierenden Verantwortung und Verpflichtung müssen sich die Fachvertreter stellen.

b. Hauptsächlich mit Hinweis auf die Notwendigkeit der Errichtung berufsqualifizierender Studiengänge und mit deren Errichtung wurden an den Universitäten mit Erfolg erhebliche Mittelzuweisungen für personelle, finanzielle und apparative Ausstattung gefordert, auf welche die Soziologie als akademisches Fach gar nicht mehr verzichten kann - und wohl auch nicht will.

c. Die bisherigen Erfahrungen mit außeruniversitären Berufschancen von Diplom-Soziologen sind nicht so negativ, daß daraus eindeutig die Abschaffung der soziologischen Studiengänge resultieren müßte.

d. Es gibt viele Fachvertreter an den Universitäten, die von der Sinnhaftigkeit und Notwendigkeit der berufsqualifizierenden Diplom- und Magisterausbildung voll überzeugt sind. Jeder fachinterne Versuch zur Abschaffung oder bewußten "Austrocknung" der soziologischen Studiengänge (insbesondere des Diplomstudienganges) könnte zu einer erheblichen Belastung in der Profession werden, die die Gruppe der Fachvertreter entzweien müßte.

e. Aber auch dann, wenn manche Fachvertreter oder eine Organisation wie die DGS die Abschaffung der soziologischen Studiengänge anstreben würde, wäre dies politisch ohne erhebliche Schäden für die Stellung der Soziologie als akademisches Fach innerhalb der Universitäten und für die innere Entwicklung des Faches nicht mehr durchsetzbar. Dies gilt übrigens auch für jeden Versuch, die soziologischen Studiengänge zur Bedeutungslosigkeit verkommen zu lassen.

2. Zur Organisation des soziologischen Studienganges

Die Diplom- und Magisterstudiengänge sind den Qualifikationsanforderungen nach zwei gleichwertige Studiengänge. Der Magisterstudiengang unterscheidet sich vom Diplomstudiengang hauptsächlich durch eine geringere Regelungsdichte seiner Anforderungen. Dadurch bedingt, ist der Spielraum für die individuelle Gestaltung des Studiums größer. Die Studien- und Qualifikationsanforderungen des Diplomstudienganges sind demgegenüber weitgehend standardisiert.

Die Entscheidung zur Errichtung des soziologischen Studienganges als Diplom- oder Magisterstudiengang soll hauptsächlich von den örtlichen Voraussetzungen, insbesondere von den personellen Ressourcen einer Universität abhängen. Ein Nebeneinanderbestehen des soziologischen Magister- und Diplomstudienganges an derselben Universität dürfte kaum zu rechtfertigen sein. Es ist, wie dies übrigens auch die überregionale Studienreformkommission vertritt, nur dann gerechtfertigt, wenn diese Studiengänge sich in ihrer Studienorganisation (operationalisiert durch Studien- und Prüfungsordnungen) voneinander deutlich unterscheiden, und zwar bei Wahrung der Identität der soziologischen Ausbildung und bei Sicherstellung der gleichwertigen fachlichen Leistungsanforderungen bei unterschiedlicher Regelungsdichte. Nicht zu vertreten ist, wie dies auch der Vorstand der DGS in seiner Stellungnahme zu den Empfehlungen der Studienreformkommission Politikwissenschaft/Soziologie feststellt (Soziologie, 1/86, S. 29-36), den Diplomstudiengang durch höhere Qualifikationsanforderungen zu "härten", durch größere Regelungsdichte zu standardisieren und durch Schwerpunktbildung im Hauptstudium zu profilieren, den Magisterstudiengang demgegenüber als ein zwar flexibles, aber von den Qualifikationsanforderungen her "billiges" Studium vorzusehen.

3. Fachspezifische Besonderheiten der berufsqualifizierenden soziologischen Studiengänge

Vielfach wird von einer Krise, ja vom Scheitern der berufsqualifizierenden Studienkonzeption für Soziologie gesprochen, wobei zum einen die Entwicklung der Arbeitslosigkeit bei Soziologen und zum anderen das Argument angeführt werden, daß die Soziologie sich grundsätzlich mit ihrem berufsqualifizierenden Studiengang überfordere. Ich möchte auf diese Argumente etwas näher eingehen.

Die Zahl der seit Einführung der soziologischen Diplom- und Magisterstudiengänge ausgebildeten Soziologen ist nicht genau bekannt. Sie kann nur geschätzt und mit etwa 16.000-17.000 angenommen werden. Die Zahl der registrierten arbeitslosen Soziologen beträgt derzeit (1985) rund 2.400 (diese Zahl stagniert seit 1984).

Der Großteil der bisher ausgebildeten Soziologen ist also derzeit berufstätig. Bei der Beurteilung der Zahl arbeitsloser Soziologen muß man im übrigen auch berücksichtigen, daß Absolventen anderer Studiengänge ebenfalls von Arbeitslosigkeit betroffen sind. Die Zahl der arbeitslosen Psychologen ist beispielsweise höher als die der arbeitslosen Soziologen. Auch dann also, wenn sich unter den berufstätigen Soziologen solche befinden, die eine ihrer Qualifikation nicht entsprechende Tätigkeit ausüben (der Anteil kann auf 30 % geschätzt werden) und auch dann, wenn man berücksichtigt, daß etwa 40 % der erwerbstätigen Soziologen im Hochschulbereich oder in der außeruniversitären Forschung tätig sind, muß als ein beachtenswerter Professionalisierungserfolg verbucht werden, daß der überwiegende Teil der Absolventen soziologischer Studiengänge eine Berufstätigkeit im außeruniversitären Bereich gefunden hat. Selbst unter den erschwerten Arbeitsmarktbedingungen für alle Akademiker, insbesondere für solche geisteswissenschaftlicher Richtung, fanden in den vergangenen drei Jahren jährlich etwa 200-250 Diplom-Soziologen eine ihrer Berufsqualifikation entsprechende Berufstätigkeit. Dabei kann die Zahl der jährlich ausgebildeten Diplom-Soziologen aufgrund der Erfahrungswerte der vergangenen Jahre mit 600-700 angenommen werden: Etwa 40-50 % dieser Absolventen finden also nach relativ kurzer Suchphase oder einer kurzen Arbeitslosigkeit (von weniger als einem Jahr) auch heute eine Beschäftigung, die Mehrzahl davon außerhalb der Universität.

Mangels einschlägiger Ergebnisse kann man leider das, was man von Hören-Sagen oder aufgrund eigener Erfahrungen weiß, nicht bestätigen, nämlich: <u>gut</u> ausgebildete Soziologen, insbesondere diejenigen, die über gute Kenntnisse (und Erfahrungen) aus dem Bereich der empirischen Sozialforschung und über soziologische Spezialkenntnisse und Zusatzqualifikationen verfügen, haben sogar recht gute Chancen, eine für sie interessante Berufstätigkeit - auch außerhalb der Universität - zu finden. Wohlgemerkt: dies gilt nur für ausgebildete Soziologen. Ein Bedarf an einer bestimmten Anzahl von Soziologen besteht also auch außerhalb der Universitäten. Aus den bisher beobachteten Berufseinmündungschancen von Soziologen kann also nicht auf eine generelle Fragwürdigkeit der Konzeption berufsqualifizierender Ausbildung von Soziologen geschlossen werden. Wohl wird deutlich, und dies ist meine These, daß wir im Laufe der vergangenen Jahre zu viele Soziologen ausgebildet haben und derzeit immer noch ausbilden.

Das Scheitern des soziologischen Studienganges wird, wie erwähnt, auf der anderen Seite auf eine verfehlte berufsqualifizierende Studienkonzeption zurückgeführt. Im Detail wird argumentiert, daß eine allzu starke Spezialisierung bei Vernachlässigung der theoretischen Ausbildung die Absolventen auf eng begrenzte, für Soziologen gar nicht zugängliche Tätigkeitsfelder fixiert.

Ich behaupte demgegenüber, daß es eine verbindliche Konzeption für einen soziologischen Studiengang mit einem berufsqualifizierenden Abschluß in der Bundesrepublik noch gar nicht gibt, von einigen örtlichen Versuchen abgesehen. In der Diskussion wird der soziologische Diplomstudiengang mit dem berufsqualifizierenden Studium gleichgesetzt. Es wird dabei vollkommen übersehen, daß sich unter der Bezeichnung "Diplomstudiengang Soziologie" alle möglichen Konzeptionen - wenn dabei überhaupt von "Konzeption" die Rede sein kann - verbergen, die bloß verbal den Anspruch auf "berufsqualifizierend" erheben können. Auch die bisher vorliegenden überörtlichen Rahmen- und Musterordnungen haben ihr erklärtes Ziel, neuerlich Bedingungen für eine berufsqualifizierende Ausbildung zu schaffen, nicht eingelöst. Diese Rahmen- und Musterordnungen wurden übrigens auf örtlicher Ebene durchgesetzt. Das Ziel eines berufsqualifizierenden soziologischen Studienganges bleibt daher eine Zukunftsaufgabe, deren Konzeption erst noch erarbeitet werden muß.

Von einem Scheitern des berufsqualifizierenden Studienganges kann so lange nicht die Rede sein, solange nicht nachgewiesen werden kann, daß ein Studiengang, der bei der Festlegung von Studieninhalten, Studienorganisation und Studienanforderungen tatsächlich auf die Vermittlung berufsqualifizierender Kenntnisse, Fähigkeiten, Fertigkeiten und Kompetenzen von Soziologen ausgerichtet ist und der an den Studenten hohe Anforderungen stellt, längerfristig arbeitslose Soziologen produziert.

Es wird außerdem übersehen, daß eine aktive Professionalisierung bisher nicht betrieben wurde, weder seitens der Universitäten noch seitens der DGS betrieben wurde. (Über die diesbezüglichen Aktivitäten des Berufsverbands Deutscher Soziologen kann noch kein Urteil gefällt werden, weil diese erst jüngsten Datums sind.). Ganz im Gegensatz zu den Wirtschaftswissenschaften oder der Psychologie muß jeder Absolvent der Soziologie außerhalb der Universität sein Tätigkeitsfeld selbst suchen.

Die Berufserwartungen und -anforderungen an Soziologen, die im universitären bzw. im nicht-universitären Bereich beruflich tätig sind, sind sehr unterschiedlich. Wir wissen, welchen Erwartungen ein Soziologe zu entsprechen hat, der nach dem Abschluß seines Studiums innerhalb der Universität in der Lehre oder der Forschung Aufgaben wahrnimmt. Wir wissen auch, welche Erwartungen an Soziologen gerichtet werden, die in nicht-universitären Forschungseinrichtungen tätig sind. Wir wissen aber nicht, welche berufsqualifizierenden Kompetenzen ein Soziologe aufzuweisen hat, der beispielsweise im Organisations- und Pressewesen, in der öffentlichen Verwaltung, in der Entwicklungsplanung und Entwicklungspolitik berufliche Aufgaben als Soziologe übernimmt. Und dies ist ein Dilemma der berufsqualifizierenden Ausbildung. Die spärlich vorhandenen empirischen Informationen zu diesem Thema können nicht generalisiert werden. Plausibel scheint die Forderung, daß das berufsqualifizierende Studium, über theoretisches und empirisches Wissen sowie über spezielle Kenntnisse einzelner Berufsfelder und Gegenstandsbereiche hinaus, einige tätigkeitsspezifische Fähigkeiten, z.B. für die Behandlung von Problemen in interdisziplinären Zusammenhängen, für Diagnose, Planung, Zielfindung, Entscheidungs- und Wirkungsaufgaben besitzen muß.

Die überregionale Studienreformkommission hat zur Gestaltung berufsqualifizierender soziologischer Studiengänge Empfehlungen unter Beachtung solcher fachspezifischer Besonderheiten Vorschläge unterbreitet. Ich habe darüber ausführlich im Mitteilungsblatt der DGS berichtet (vgl. L. Vaskovics, 1986).

Die überregionale Studienreformkommission schlägt vor, den Anforderungen des berufsqualifizierenden Studiums im Rahmen soziologischer Studiengänge durch den Tätigkeitsfeldbezug der Ausbildung gerecht zu werden. Neben der Vermittlung von allgemeinen Kenntnissen und Fähigkeiten, die von spezifischen Verwendungszusammenhängen unabhängig sind, gehört zur Ausbildung auch die Vermittlung von Fähigkeiten und Kenntnissen im Hinblick auf besondere Anwendungsbereiche. Diese als Schwerpunkte zu konstituierenden Bereiche verlangen eine spezifisch soziologische Ausbildung für ihre theoretischen und forschungsmethodischen Aspekte wie auch die Ausbildung für die Erfassung dieser Aspekte aus der Sicht anderer Wissenschaften, die den gleichen Schwerpunkt zum Gegenstand haben. Daraus ergibt sich die Verknüpfung der Soziologie als Hauptfach mit anderen Disziplinen als Wahlpflichtfach (Studienschwerpunkt). Damit wird keine unmittelbare Berufsfertigkeit angestrebt, sondern die Vermittlung der Fähigkeit, nach entsprechender Einarbeitung in konkrete Aufgabenbereiche komplexe Probleme bewältigen zu können.

Der Studiengang soll nicht für einen speziellen Beruf ausbilden, sondern für eine gemeinsame Qualität der soziologischen Arbeit in einem breiten Spektrum denkbarer Berufe. Soll dieses allgemeine Ausbildungsziel der Berufsqualifizierung erreicht werden, so sind insbesondere folgende Voraussetzungen zu erfüllen:

- breite soziologisch-theoretische Grundlagenkenntnisse,
- die Bereitschaft und kritische Anwendung sozialwissenschaftlicher Methoden,
- vertiefte Kenntnisse im Studienschwerpunkt,
- Kenntnis der für den Studienschwerpunkt relevanten Nachbardisziplinen,
- interdisziplinäres Studium praxisbezogener Themen,
- wissenschaftlich angeleitete Auseinandersetzung mit der Berufswirklichkeit,

- Lösung von Problemen sowohl im Rahmen der fachspezifischen Systematik als auch in fächerübergreifenden Zusammenhängen.

Die bisher vorliegenden empirischen Untersuchungen verweisen darauf, daß unabhängig von den Berufsfeldern die folgenden Funktionen von Soziologen zu erfüllen sind: Beratung, Planung, Organisation, Verwaltung, Forschung, Bildung und Ausbildung. Die Tätigkeitsfeldorientierung im Schwerpunkt hat deshalb insbesondere diese Aufgaben zu berücksichtigen. Sie sind unter Bezugnahme und in Anpassung an den jeweiligen Studienschwerpunkt in der Ausbildung zu vermitteln. Diese Ausbildung sollte so flexibel und offen gestaltet werden, daß wechselseitig die berufliche Praxis durch die Ausbildung (auch im Sinne einer aktiven Professionalisierungsstrategie) verändert werden kann wie auch die Berufspraxis die universitäre Forschung und Lehre anregen sollte.

4. Zum Qualifikationsniveau soziologischer Studienabschlüsse

Die gegenwärtige Krise soziologischer Studiengänge besteht meines Erachtens hauptsächlich in der unkontrollierten und wohl in dieser Form auch nicht gewollten örtlichen Ausdifferenzierung der soziologischen Studiengänge im Hinblick auf Studieninhalte, Studienorganisation, Qualifikationsanforderungen und Qualifikationsniveau der Studienabschlüsse. Denn als Folge dieser Ausdifferenzierung scheinen die ohnehin nur schwer ausgeprägten Konturen einer Identität der soziologischen Studiengänge vollständig verloren zu gehen. Als Folge werden auch angeblich berufsqualifizierte Soziologen ausgebildet, deren Kenntnisstand, methodische Kompetenzen, deren Fähigkeit zur Anwendung soziologischen Wissens, Fähigkeit zur Problemdiagnose so unterschiedlich ist, daß die gemeinsame Bezeichnung "Diplomsoziologe" gar nicht mehr gerechtfertigt erscheint. Noch problematischer stellt sich die Situation dar, wenn in die Analyse auch die Magisterstudiengänge einbezogen werden. Man findet kaum mehr einen gemeinsamen inhaltlichen Kern dieser Studiengänge an den einzelnen Universitäten. Im übrigen findet man Magisterstudiengänge an bestimmten Universitäten, die nach ihrer Organisation genauso die Bezeichnung "Diplomstudiengang", und Diplomstudiengänge, die die Bezeichnung "Magisterstudiengang" führen könnten. Auch die akademischen Grade "Diplom-Soziologe", "Diplom-Sozialwissenschaftler", "Diplom-Sozialwirt", "Diplom-Volkswirt" sind oft mit den vermittelten Inhalten der entsprechenden Studiengänge und mit den erworbenen Kenntnissen nicht verknüpft.

Diese Differenzierung der Ausbildungssituation und der Studienbedingungen resultiert übrigens nicht nur aus der vorhin erwähnten Veränderung der Studentenzahlen und der Relation der Studierenden und Lehrenden, sondern aus den außerordentlich unterschiedlichen örtlichen Studienorganisationen, Studieninhalten, Studienanforderungen und Studienabschlüssen. Nicht belegt und möglicherweise auch nicht belegbar ist ein anderer Sachverhalt, der aber zu den örtlichen Ausdifferenzierung der Studienbedingungen entscheidend beigetragen haben dürfte. Ich möchte insbesondere auf die sehr unterschiedliche Berufungspolitik der einzelnen Universitäten und Fakultäten hinweisen und auf die Handhabung der Studien- und Prüfungsordnungen durch den einzelnen Dozenten: beispielsweise haben manche Dozenten durch die Vergabe von nicht verdienten Noten zur Entwertung des soziologischen Studienabschlusses an manchen Universitäten mehr beigetragen als die Studenten durch ihr Studierverhalten. Das soll andeuten, daß eine gewisse "Inflationierung" der soziologischen Graduierung an manchen Universitäten ihre Ursachen auch in der sehr distanzierten Einstellung der Lehrenden zur soziologischen Ausbildung nach dem Studiengangsprinzip haben könnte.

5. Ein Rückblick: DGS und die Entwicklung der soziologischen Diplomstudiengänge

Wie kam es zu der stark örtlichen Ausdifferenzierung der ihrer Absicht nach berufsqualifizierenden Diplomstudiengänge? Und wie ist es zu erklären, daß es bisher (von einigen kaum erstzunehmenden örtlichen Versuchen abgesehen) nicht zur Konzeption und Durchsetzung eines berufsqualifizierenden soziologischen Studienganges kam?

Eine Ursache liegt sicherlich in der Geschwindigkeit der Entwicklung. Einige in den 70er Jahren errichtete soziologischen Diplomstudiengänge wurden buchstäblich aus dem Boden gestampft, ohne die notwendigen konzeptionellen Vorbereitungsarbeiten. Eine zweite Ursache ist sicherlich in der fehlenden fachinternen überörtlichen Kontrolle in Angelegenheit der soziologischen Lehre zu suchen. Eine weitere Ursache dürfte die traditionelle Verwurzelung der soziologischen Ausbildung in unterschiedlichen Fakultäten und die Einbindung in unterschiedliche Fächerkombinationen sowie auch die sehr kontroverse innerfachliche Einschätzung der Anwendbarkeit soziologischen Wissens sein, insbesondere im Zusammenhang mit der Vermittlung von berufsqualifizierenden Kompetenzen außerhalb Forschung und Lehre.

Ich kann auf die Analyse dieser behaupteten Zusammenhänge nicht näher eingehen; ich möchte nur einen Aspekt herausgreifen und auf diesen etwas detaillierter eingehen, nämlich auf das Verhältnis der DGS zu den soziologischen Studiengänge nach den veröffentlichten Äußerungen ihres Vorstandes. Die Position der DGS in der Frage der Errichtung eines eigenen berufsqualifizierenden Studienganges ist in mehrfacher Hinsicht ambivalent und widersprüchlich: Sie hat in dieser Angelegenheit bisher nur auf eine bereits vollzogene Entwicklung reagiert; und sie hat ihre eigenen Vorschläge zur Errichtung oder Gestaltung soziologischer Studiengänge nie sanktioniert.

Die erste Äußerung nach dem Zweiten Weltkrieg zur Errichtung eines berufsqualifizierenden sozialwissenschaftlichen Studienganges liegt in Form eines in der Kölner Zeitschrift für Soziologie veröffentlichten Sitzungsprotokolls des Ausschusses für Hochschullehrer und Studienfragen der DGS vor (9. Jg., 1957, Heft 4, S. 709 und 710). Nachdem der vom Vorstand "redigierte" Vorschlag des Ausschusses zur Errichtung eines Studienganges für "Diplom-Volkswirte sozialwissenschaftlicher Richtung" (in: Kölner Zeitschrift für Soziologie, 8. Jg., 1956, Heft 4, S. 702) abgelehnt wurde, kam von diesem Ausschuß der Vorschlag zur Errichtung eines eigenen sozialwissenschaftlichen Studienganges. Dieser Studiengang sollte "in enger Verbindung" mit dem Studium der Wirtschaftswissenschaften oder wirtschaftswissenschaftlichen Fächern konzipiert werden. Schon diese erste Stellungnahme zeigt die ambivalente Haltung der DGS. Es wurde zwar vorgeschlagen, daß dieser Studiengang eine - wie es hieß - "möglichst einheitliche Gestaltung" haben sollte, aber nur, soweit sich dies mit den "Gegebenheiten und Wünschen der einzelnen Fakultäten" und dem bereits bestehenden Studiengang Diplom-Sozialwirt und Diplom-Soziologe (letzterer in Berlin) vereinbaren ließe.

In diesem Zusammenhang müssen wir uns vergegenwärtigen, daß zu diesem Zeitpunkt die Soziologie als akademisches Fach in mehreren, z.B. in philosophischen, wirtschaftswissenschaftlichen und staatswissenschaftlichen Fakultäten bereits durch mehrere Ordinarien vertreten war. Den Vorschlag des Ausschusses zur Errichtung eines eigenen Studienganges hat sich übrigens der Vorstand der DGS nicht zueigen gemacht (und ließ ihn außerdem nach außen nur durch den damaligen Vorsitzenden des Ausschusses für Studienfragen vertreten). Im übrigen wurde auch von diesem Ausschuß ein konkreter und verbindlicher Vorschlag zu einer inhaltlichen Ausgestaltung des geforderten eigenen sozialwissenschaftlichen Studienganges nicht gemacht. Immerhin, und dies ist beachtlich, wurden im Rahmen des Ausschusses mit jenen Ordinarien, die an ihren Universitäten die Errichtung eines eigenen soziologischen Studienganges geplant haben, direkte Verhandlungen geführt, meist zu einer <u>formalen</u> Vereinheitlichung der Prüfungsordnungen der geplanten Studiengänge. Eine inhaltliche Abstimmung konnte schon damals nicht erreicht werden! Die Einbindung der Soziologie in Diplomstudiengänge an unterschiedlichen Universitäten (z.B. Frankfurt: Philosophische Fakultät; München: Staatswirtschaftliche Fakultät; Köln: Wirtschafts- und Sozialwissenschaftliche Fakultät), vor allem aber die unterschiedlichen innersoziologischen Orientierungen der jeweiligen Fachvertreter an den einzelnen Universitäten ließen alle Versuche zu einer einheitlichen Planung des Studienganges scheitern (MATTHES, 1973, S. 20/21).

Die erste offizielle Stellungnahme des Vorstandes der DGS in Angelegenheit soziologischer Studiengänge erfolgte im Jahr 1969, als Diplomstudiengänge bereits an mehreren Universitäten eingerichtet worden und schätzungsweise bereits 5.000 Studenten dafür eingeschrieben waren. Diese Erklärung erfolgte zu einem Zeitpunkt, zu welchem die Kultusministerkonferenz (nicht zuletzt auf Drängen des Ausschusses für Hochschullehrer und Studienfragen der DGS) soeben eine "Rahmenprüfungsordnung für Soziologie" verabschiedet hatte. In der Erklärung zur Lage des Hauptfachstudiums für Soziologie an den Universitäten in der Bundesrepublik spricht sich der Vorstand der DGS <u>gegen</u> die Errichtung eines eigenen soziologischen Studienganges mit dem akademischen Grad "Diplom-Soziologe" an weiteren Universitäten aus. Er empfiehlt außerdem an den Hochschulen, die bereits über einen soziologischen Studiengang mit dem Abschluß "Diplom-Soziologe" verfügen, die Umwandlung dieses Studienganges in einen allgemeinen sozialwissenschaftlichen Studiengang (mit der Graduierung zum "Diplom-Sozialwissenschaftler"). Mit dieser Erklärung resigniert die DGS vor einer Entwicklung, die man in dieser Form gar nicht erwartet und schon gar nicht geplant hatte. Die Situation erschien als bedrohlich; man sah nur einen Ausweg: nämlich die Abschaffung oder zumindest die Umbenennung des Studienganges. Aber eine Entwicklung, deren Gesetzmäßigkeit und Rahmenbedingung mangels objektiver Analysen man nicht kennt, kann man offensichtlich mit einer "Erklärung" nicht stoppen. Zum Zeitpunkt dieser Entwicklung waren die Weichen für eine andere Entwicklung schon längst gestellt. Zu keiner Zeit (nicht vorher und nicht nachher) wurden an so vielen Universitäten und Hochschulen eigene soziologische Studiengänge eingerichtet als unmittelbar nach dieser Erklärung. Kein einziger bereits bestehender soziologischer Studiengang wurde umbenannt. Die DGS hat übrigens diese Entwicklung in den folgenden Jahren stillschweigend hingenommen: keine einzige Stellungnahme gegen die konkrete Einrichtung des soziologischen Studienganges hat die DGS abgegeben, mit einer Ausnahme in der jüngsten Zeit.

Die nächste öffentliche Äußerung der DGS erfolgte knapp acht Jahre später, als die DGS im Jahre 1976 Empfehlungen für das Hauptfachstudium der Soziologie formulierte und später als "Empfehlungen für eine Studienordnung für das Hauptfachstudium der Soziologie" (Musterstudienordnung vom 5.6.78) veröffentlicht hat. Übrigens kein Wort darüber, daß man sich vor nicht einmal 10 Jahren im Prinzip für die Abschaffung bzw. Umbenennung des soziologischen Studienganges ausgesprochen hatte. Nachdem die Flucht nach hinten nicht gelang, wurde hier offensichtliche der Versuch unternommen, die Flucht nach vorne anzutreten. Es heißt zu den Empfehlungen für die Studienordnung vom 5.6.1978: "Die Deutsche Gesellschaft für Soziologie hat im Januar 1976 nach langer Vorbereitung und mit weitgehendem Konsens ihrer Mitglieder Empfehlungen für das Hauptfachstudium der Soziologie herausgegeben ... . Die DGS hält es (daher) für nützlich, ihre Empfehlungen in einer Musterstudienordnung zu konkretisieren, um damit den Fachvertretern an den Hochschulen, den Hochschulgremien und den staatlichen Instanzen eine Unterlage zu geben, die über die Vorstellungen eines zeitgemäßen Soziologiestudiums informiert, wie sie von der wissenschaftlichen Fachvereinigung der deutschen Soziologen vertreten ist. Überdies erachtet die DGS eine solche Musterstudienordnung auch zur weiteren professionellen Profilierung der Soziologie für förderlich" (Soziologie, 1/1980, S. 13). Auch diese Empfehlungen hat die DGS nie sanktioniert! Es wurde nicht einmal danach gefragt, ob und an welchen Universitäten und Hochschulen bei der Neueinrichtung oder Reformierung des bereits bestehenden soziologischen Studienganges die Empfehlungen der DGS überhaupt Berücksichtigung fanden. Der Vollständigkeit halber erwähne ich, daß die nächste öffentliche Stellungnahme der DGS in Angelegenheit der soziologischen Studiengänge wiederum nach knapp 10 Jahren, nämlich erst kürzlich erfolgte, als sie zu den Vorschlägen der überregionalen Studienreformkommission im Rahmen des Begutachtungsverfahrens Stellung genommen hat.

Dieser kurze Rückblick auf die öffentlichen Äußerungen der DGS in Angelegenheit der soziologischen Studiengänge war notwendig, um die These zu belegen, daß Form, Inhalt und Niveau der gegenwärtigen Ausbildung im Rahmen des soziologischen Diplomstudiums das Ergebnis einer ungeplanten, zum Teil ungewollten, von vornherein widersprüchlich beurteilten, hauptsächlich durch unkoordinierte Aktivitäten der an den einzelnen Universitäten und Hochschulen tätigen Soziologen, beliebiger Definitionsherrschaft lokaler Satzungsgeber ist.

6. Was sollte die DGS tun?

a. In Anbetracht der geringen Konsensfähigkeit des Faches über die Notwendigkeit und Sinnhaftigkeit des soziologischen Studienganges, kann nach meiner Einschätzung zur Realisierung eines berufsqualifizierenden Studienganges derzeit nicht wesentlich mehr getan werden als dies die überregionale Studienreformkommission im Sinne einer Kompromißlösung vorgeschlagen hat. Ihre Vorschläge laufen letztlich darauf hinaus, im Diplomstudiengang durch überörtliche Festlegung von Mindestanforderungen an allen Universitäten und Hochschulen ein akzeptables Ausbildungs- und Qualifikationsniveau des soziologischen Diploms und des Magisters zu erreichen. Das soll im einzelnen erreicht werden durch:

- Festlegung von einer bestimmten Anzahl bestimmter Prüfungsfächer in der Zwischen- und Diplomprüfung,
- Sicherstellung eines akzeptablen Lehrangebots durch personelle Mindestausstattung,
- Einführung bestimmter zentraler Lehreinheiten, insbesondere eines obligatorischen soziologischen Forschungspraktikums,
- gründliche Ausbildung im Bereich der Methoden und Techniken der empirischen Sozialforschung einschließlich Statistik und EDV,
- Ergänzung der soziologischen Grund- und Spezialkenntnisse durch Nebenfächer (insbesondere im Rahmen des Studienschwerpunktes), wobei diese Nebenfächer z.B. als Wahlpflichtfächer auch Prüfungsfächer z.T. im Grund- und im Hauptstudium sein sollen.

b. Der Vorstand der DGS sollte alles in seiner Macht stehende tun, um auf die rasche Verabschiedung der Empfehlungen der überregionalen Studienreformkommission hinzuwirken und nach Verabschiedung dieser Empfehlungen auf die baldige Umsetzung auf Hochschulebene zu dringen.

c. Die DGS müßte geeignete Wege dazu finden, bei ihren Mitgliedern die qualitativen Mindestanforderungen an das Studium der Soziologie im Sinn der Empfehlungen der Studienreformkommission zu realisieren.

d. Es müßte eine Möglichkeit der innerfachlichen, aber überörtlichen Kontrolle im Bereich der Lehre zumindest ansatzweise versucht werden. Nicht hinnehmbare Ausbildungsbedingungen dürften nicht verschwiegen werden.

e. Forschungsaktivitäten zur Beschreibung der Studiensituation, Berufseinmündungschancen, beruflichen Erfahrungen von Soziologen müßten unterstützt werden. Insbesondere wäre die Förderung von Untersuchungen notwendig, die im Sinne einer Wirkungsanalyse die Effektivität der Ausbildung verschiedener Konzeptionen im Hinblick auf die Berufschancen von Absolventen vergleichend überprüfen. Die Ergebnisse solcher Bestandsaufnahmen sollen veröffentlicht und zur Diskussion gestellt werden.

f. Und nicht zuletzt sollte die DGS möglichst bald (und in regelmäßigen Abständen) ein breites Diskussionsforum über die Grundfragen der Soziologie in der Lehre bieten, um auf diese Weise die Thematisierung dieser, auch für die innere wissenschaftliche Entwicklung dieses Faches so gravierenden Fragen zu ermöglichen.

Die primäre Zielsetzung bei allen diesen Bemühungen müßte sein:

a. Es muß verhindert werden, daß Studierende mit einem soziologischen Diplom (oder Magister) graduieren, die aufgrund ihrer tatsächlich erworbenen Kenntnisse beruflichen Erwartungen weder in noch außerhalb der Universität entsprechen können.

b. Es muß ein Mindeststandard der <u>Lehre</u> an allen Universitäten sichergestellt werden, an denen soziologische Diplomstudiengänge eingeführt sind oder eingeführt werden sollen.

c. Es muß sichergestellt werden, daß dort, wo Soziologie als Studiengang eingeführt wird, die Soziologie in einer dem Stand unserer Wissenschaft entsprechenden inhaltlichen Ausdifferenzierung in der Lehre dargeboten wird. Dies setzt eine personelle Mindestausstattung voraus.

Literatur

ALEMANN, H, von: Berufsfeld und Berufsperspektiven im außeruniversitären Bereich. In: Soziologie 2 (1978), 45-63.

DALLINGER, P./BODE, Ch./DELLIAN, F. unter Mitarbeit von GIESEKE, L. und TSCHÖPE, K.: Hochschulrahmengesetz. Kommentar, Tübingen 1978.

DREITZEL, H.-P./KAMPER, D.: Wozu noch Soziologie? Zur Situation eines überstrapazierten Fachs. In: Feuilleton-Beilage der Süddeutschen Zeitung vom 24./25.9.1983, 113.

FERBER, Chr. von: Die Praxisrelevanz der Sozialwissenschaften und die Handlungskompetenz von Sozialwissenschaftlern in außeruniversitären Berufsfeldern. In: HÖHMANN et al., 1984, 28-43.

GRÜHN, D.: Soziologie in der Grauzone des Arbeitsmarktes. BDS-Schriftenreihe, Bd. 7, Bielefeld 1984.

HÖHMANN, P./LANGE, E./SCHNEIDER, H.R. (Hrsg.): Die Praxisrelevanz der Sozialwissenschaften und die Handlungskompetenz von Sozialwissenschaftlern in außeruniversitären Berufsfeldern. BDS-Schriftenreihe, Bd. 4,Bielefeld 1983.

KAUFMANN, F.X.: Überlegungen zum Praxisbezug des Soziologiestudiums. In: MATTHES, J.: Einführung in das Studium der Soziologie, Reinbek 1973, 258-266.

KÄSTNER, P.: Berufsstart: Soziologen, Umstellung nach der Einstellung. In: UNI-Berufswahlmagazin Nr. 12 (1981), 13-15.

KLAGES, H. (Hrsg.): Arbeitsperspektiven Angewandter Sozialwissenschaft. Opladen 1984.

KLÖNE, H.H./BÜRGER, B.: Fortbildungs- und Aufbaustudiengänge für Sozialwissenschaftler in der Bundesrepublik Deutschland. BDS-Schriftenreihe, Bd. 5, Bielefeld 1984.

KÖRNER/GIEGLER: Berufskarrieren Gießener Sozialwissenschaftler. In: Soziologie 2 (1985), 120-143.

LAMNEK, S.: Soziologen ohne Soziologie? Zum Verhältnis der Berufschancen von Soziologen und Berufsadäquanz ihrer Ausbildung. In: Soziologie 3 (1974), 176-206.

LAMNEK, S./URLINGER, R.: Arbeitsmarkt und Studiengestaltung von Soziologiestudenten. In: Sozialwiss. und Berufspraxis, Nr. 1, 8/1985.

LAMNEK, S.: Qualifikationen und Berufe von Diplomsoziologen aus München (erstellt für die überreg. Studienreformkommission Politikwissenschaft/Soziologie), 1983.

LEPSIUS, M.R.: Die Soziologie und ihre Berufschancen. In: bds-info 1 (1982), 4-11.

LUMM, G. (Hrsg.): Ausbildungs- und Berufssituation von Soziologen - Anwendung und Professionalisierung der Soziologie. BDS-Schriftenreihe, Bd. 6, Bielefeld 1985.

MATTHES, J.: Soziologie ohne Soziologen. Zur Lage des Soziologiestudiums in der Bundesrepublik. In: Zeitschrift für Soziologie 1 (1973), 47/48.

MATTHES, J.: Einführung in das Studium der Soziologie. Reinbek 1973.

NEIDHARDT, F.: Identitäts- und Vermittlungsprobleme der Soziologie. Über den Zustand der Soziologenlehre an den Universitäten. In: LEPSIUS, M.R. (Hrsg.): Zwischenbilanz der Soziologie. Verhandlungen des 17. Deutschen Soziologentages, Stuttgart 1976, 426-452.

NUNNER-WINKLER, G. et al.: Soziologie: Wissenschaft ohne Beruf. In: betrifft: erziehung, April 1981, 78-85.

OFFE, C.: Funktion der Soziologie und Berufspraxis. In: bds-info 2 (1982), 12-21.

OFFE, C.: Sozialwissenschaften zwischen Auftragsforschung und sozialer Bewegung. In: BECK, U. (Hrsg.): Soziologie und Praxis. Erfahrungen, Konflikte, Perspektiven (Soziale Welt, Sonderband 1), Göttingen 1982, 107-113.

SCHNEIDER, H.R.: Soziologen im Berufsfeld der Sozialarbeit/Sozialplanung. Ms. Bielefeld 1977.

SCHNEIDER, H.R.: Sozialwissenschaftler in Berufsfeldern sozialer Problemintervention. BDS-Schriftenreihe, Bd. 3, Bielefeld 1983.

SCHNEIDER, H.R.: Chancen und Risiken berufsorientierter Soziologenausbildung. BDS-Schriftenreihe, Bd. 1, Bielefeld 1983.

SCHULZ, M. (Hrsg.): Berufsbezogene Soziologenausbildung und entwicklungspolitische Praxis. BDS-Schriftenreihe, Bd. 2 (1983).

TESSARING, M.: Anmerkungen zur Beschäftigungssituation von Gesellschaftswissenschftlern. In: Soziologie 2 (1982), 5-15.

SEKRETARIAT DER KULTUSMINISTERKONFERENZ - Geschäftsstelle für die Studienreformkommissionen - : Entwurf Empfehlungen der Studienreformkommission Politikwissenschaft/Soziologie, Band 2: Soziologie, Bonn 1985.

VASKOVICS, L.: Reform der soziologischen Studiengänge. Bericht über die Empfehlungen der überregionalen Studienreformkommission. In: Soziologie 1 (1986) 5-28.

WURZBACHER, G./Beck, M.: Der Sozialwissenschaftler als neuer akademischer Beruf, untersucht am Beispiel der Nürnberger Sozialwirte (1). In: Angewandte Sozialforschung, 3 (1978), 101-179.

ZEUGIN, P.: Soziologie - ein Studium mit schlechten Berufschancen? In: Schweizerische Zeitschrift für Soziologie 5 (1979), 416-422.

Soziologiestudium und Nachwuchssicherung

Friedhelm Neidhardt

Probleme der Nachwuchssicherung werden im folgenden allein auf den speziellen Fall des wissenschaftlichen Nachwuchses bezogen. Die Kernfrage ist: Was können und was müssen wir in der Ausbildung junger Soziologen tun, um zu gewährleisten, daß die für die Entwicklung unseres Faches entscheidenden Positionen in Forschung und Lehre anhaltend mit kompetentem Personal besetzt werden können?

1. Nachwuchssicherung und Nachwuchschancen

Diese Frage ist sinnvoll natürlich nur in dem Maße, in dem damit zu rechnen ist, daß solche Positionen in den kommenden Jahren vorhanden und besetzbar sind. Erledigt sich nicht die Aufgabe besonderer Nachwuchspflege durch den Mangel an Nachwuchschancen?

In der Tat müssen wir davon ausgehen, daß sich der Stellenbestand der Soziologie in Forschung und Lehre in den kommenden Jahren nicht nur nicht erweitern, sondern nicht einmal halten läßt. Da die Lehrnachfrage in den Hochschulen zurückgehen wird, ist es in den Wissenschaftsministerien nicht weniger Bundesländer schon jetzt eine beschlossene Sache, daß an diversen

Hochschulen Hauptfachstudiengänge der Soziologie eingestellt und die vorhandenen Hochschullehrerstellen kassiert bzw. "umgewidmet" werden. Diese Einbuße wird weder durch die geplante Gründung sogenannter "Graduiertenkollegs" noch durch Ausbau oder Neugründung außeruniversitärer Forschungsinstitute automatisch kompensiert werden können.

Hinzu kommt, daß auch bei stabilem Stellenbestand die Nachwuchschancen in unserem Fach dadurch eingeschränkt werden, daß die gegenwärtigen Stelleninhaber relativ jung sind und die durch das Ausscheiden älterer Kollegen bewirkte Ersatznachfrage bis zum Jahre 2000 entsprechend gering sein wird. Nach Berechnungen des Wissenschaftsrats, die sich undifferenziert auf Soziologie und Politikwissenschaft beziehen, ist für die Jahre 1986 bis 1990 jährlich mit einer Ersatznachfrage von 13 Hochschullehrern der Kategorie C 3 / C 4 in beiden Fächern zu rechnen, im folgenden Jahrzehnt mit einer Steigerung auf zuerst 20, dann 24 pro Jahr.

Angesichts dieser Bedingungen lassen sich Pessimismus und Fatalismus in unserem Fach nur dann vermeiden, wenn man von der Annahme ausgeht, daß die Entwicklung von Nachwuchschancen in der Wissenschaft durch einen weiteren Faktor mitbestimmt wird, nämlich durch dessen Qualität. Gerade die Soziologie, die mangels angestammter Karrierefelder mit einer Reihe anrainender Disziplinen dauerhaft um Reputation, Einfluß und Ressourcen konkurriert, wird darauf setzen müssen, daß ihre Möglichkeiten durch ihre Leistungen gesteigert werden. In diesen Zusammenhang gehört der Hinweis, daß es nach dem Vorsatz der Wissenschaftsminister auch in der Soziologie in den nächsten Jahren nicht nur zu Einschränkungen in der Lehre, sondern auch zu einem Ausbau von Forschungsschwerpunkten kommen soll. In welchem Maße wir auch zugunsten unseres wissenschaftlichen Nachwuchses davon profitieren werden, wird neben allem anderen davon abhängen, mit welcher Intensität und auf welchem Niveau wir selber aktiv werden. Auch die gegenwärtigen Probleme unseres Faches sind ja nicht nur mit widrigen Konjunkturbedingungen und unsympathischen Wenden des Zeitgeistes zu erklären, sondern auch und nicht zuletzt damit, daß die Leistungen der Soziologie anhaltend mäßig sind.

2. Nachwuchssicherung und empirisch-theoretische Qualifizierung der Soziologie

Ist Nachwuchspflege also nicht nur eine abhängige Variable von Nachwuchschancen, sondern umgekehrt auch deren Voraussetzung, so spitzt sich alles auf die Frage zu, auf welche Weise und mit welchen Zielsetzungen eine Qualifizierung des Soziologiestudiums erreicht werden kann. Was heißt dabei "Qualifizierung"?

Ich bin nicht dafür, daß die DGS oder irgendeine Studienreformkommission dazu allzu genaue inhaltliche Vorstellungen entwickelt und versucht, sie im Fach verbindlich zu machen. Die von der Sache her sinnvolle Konkurrenz von Soziologiemeinungen sollte nicht einem Konsensuszwang zum Opfer fallen, den am Ende womöglich - via Studienordnungen - Ministerialbürokratien exekutieren. Wenn es um administrierbare Kodifikationen geht, sollten wir es, was die Soziologieinhalte betrifft, mit Leerformeln bewenden lassen. Das kann hinsichtlich unserer theoretischen und methodischen Orientierungen allerdings nicht bedeuten, daß wir uns, wenn es auf anderen Ebenen um die Durchsetzung fachlicher Standards geht, auf die Devise zurückziehen: "anything goes". Was daraus wird, zeigt sich beispielsweise an dem Auseinanderfallen theoretischer und empirischer Forschung in unserem Fach. Die Eindrücke, die ich als Zeitschriftenherausgeber und deshalb dauerhaft fleißiger Leser neuester Manuskripte seit Jahren und mit steigendem Unbehagen sammle, lassen sich in dieser Hinsicht so zusammenfassen: Es gibt einerseits einen Überhang an empirischer Forschung, in der mit ansteigend raffinierter Technik theoretisch unbestimmte Gegenstände bearbeitet werden. Da läuft ein computerunterstützter Sozialforschungsbetrieb, dessen Ergebnissen nicht anzusehen ist, was sie über den jeweiligen Einzelfall hinaus für allgemeinere Fragestellungen bedeuten. Dem entsprechen andererseits Theorieentwicklungen in Höhenlagen hinein, in denen sie der Sozialforscher aus den Augen verlieren muß. Die neueren Versionen sowohl der Systemtheorie als auch der von Schütz herkommenden Lebensweltphilosophien geben sich so abstrakt, daß sie die empirische Forschung weder zu steuern noch zu verarbeiten helfen. Es ist deshalb nicht trivial, einzufordern, was allemal zusammenhängt: empiriefähige Theorie und theoriefähige empirische Arbeit. Die Qualifizierung unseres Faches wird davon abhängen, ob beides gelingt. Und daß dies gelingt, erscheint mir auch als Grundvoraussetzung für die Bildung kompetenten Nachwuchses.

3. Probleme der Qualifizierung in den Diplom- und Magisterstudiengängen

Die Verpflichtung, theorieorientierte Forschungskompetenz empirienah auszubilden, beginnt in Grund- und Hauptstudium, also in den berufsqualifizierenden Magister- und Diplomstudiengängen. Dieses Postulat ist auch gegen die grundsätzlich durchaus berechtigten Forderungen zu verteidigen, in diesem Studienabschnitt die berufsfeldbezogenen Anwendungsorientierungen zu verstärken. In Wirklichkeit besteht zwischen beidem nicht der Widerspruch, der in Studienreformkommissionen manchmal konstruiert wird. Der Anwendungsbezug kommt ja nicht in erster Linie dadurch in unsere Lehre, daß wir praktisch erfolgreiche Nachbardisziplinen als Nebenfächer in unsere Lehrprogramme einbauen oder gar versuchen, in unseren Veranstaltungen Praxis selber zu simulieren. Die entscheidende Voraussetzung für alle Ausbildungsbemühungen gegenüber unseren Studenten ist, daß wir die Anschließbarkeit praktischer Fragen durch den empirischen Bezug von Theorien schaffen, welche die Eigenart haben, soziologische Theorien zu sein. Schaffen wir das nicht, können wir unsere Studiengänge aufgeben; wir besäßen keine intellektuellen Besonderheiten, die die Einrichtung eigener Lehrprogramme lohnend machten.

Es gibt in der Tat mindestens zwei Indizien, die den Zweifel an der Studiengangsfähigkeit unseres Faches anhaltend nähren. Auffällig ist erstens der fortdauernde Mangel an guten Lehrbüchern - vor allem im Umkreis sogenannter Allgemeiner Soziologie. Ich nehme dies als Ausdruck dafür, daß die Ausbeute unserer fleißig betriebenen Forschung im Hinblick auf die konstitutiven Fragestellungen der Soziologie offensichtlich nicht hinreichend kapitalisierbar ist. Anders formuliert: Das, was wir tun, vollzieht sich weithin jenseits, überwiegend: unterhalb der theoretischen Reflexionen, die im Fach kultiviert werden. Die Folge ist, daß die reichhaltigen Wissensbestände des Fachs in einem unbehaglichen Ausmaß unorganisiert sind, bloße Details darstellen. Damit hängt nun ein Zweites zusammen: Unsere Prüfungspraxis ist, nach allem was man hört (und von sich selber weiß), merkwürdig generös, und die Durchfallquoten liegen an einigen Orten bei Null. So sympathisch jeder Einzelfall sein mag, der in eine solche Statistik eingeht, die kollektive Praxis ist für das Fach nachgerade ruinös. Sie ist selber freilich ein Ausdruck davon, daß wir unserer Standards nicht sicher sind. "Anything goes" ist auch auf dieser Ebene weniger das Indiz einer Tugend als von Verlegenheit.

4. Nachwuchssicherung in der Graduiertenausbildung

Mängel der Grundausbildung machen sich natürlich als Unterqualifikation derer bemerkbar, die als Doktoranden am ehesten für wissenschaftliche Karrieren infrage kommen. Umso dringlicher ist es, für eine gute Doktorandenausbildung zu sorgen. Deshalb ist es zu begrüßen, daß Bund, Länder und einige Stiftungen sich seit kurzem um die verstärkte Förderung der Graduiertenausbildung bemühen; und die Fachgesellschaften - also auch die DGS - sind aufgerufen, laufende Entwicklungen mitzugestalten.

Die neuen Initiativen, die vor allem auf Anregungen des Wissenschaftsrats ("Empfehlungen zur Struktur des Studiums", Köln 1986) zurückgehen, setzen bei Mängeln der gegenwärtigen Doktorandenausbildung an, die auch im Bereich der Soziologie erkennbar sind:

a. Die Betreuung von Doktoranden wird zur Zeit wenig intensiv betrieben - es sei denn, daß sie mit ihren Dissertationsprojekten in die laufenden Forschungsarbeiten von Hochschullehrern unmittelbar eingegliedert sind.

b. Die Konzentration auf spezielle Dissertationsprojekte bringt bei Fehlen allgemeinerer Ausbildungsprogramme die Gefahr theoretischer und methodischer Überspezialisierung mit sich.

c. Die Promotionsphase dauert zu lange. Sie ist in der Soziologie inzwischen auf vier bis fünf Jahre angestiegen; das durchschnittliche Promotionsalter liegt in unserem Fach bei 34,1 Jahren.

Die vom Wissenschaftsrat entwickelten Konzeptionen einer Neustrukturierung des Graduiertenstudiums gehen im Hinblick auf die Doktorandenausbildung davon aus, daß die individuelle Betreuung durch einzelne Hochschullehrer ("Doktorandenväter" und "-mütter") aufrechterhalten, aber insgesamt ergänzt und an einigen Hochschulorten systematisch ausgebaut werden soll. Die Ergänzung wird mit dem Stichwort "<u>Graduiertenkurse</u>" bezeichnet. Diese sollen mit finanzieller Unterstützung von Ministerien und Stiftungen überregional veranstaltet werden und "von einem Wochenende bis zu zwei, drei Wochen" dauern. Ihre Ausrichtung soll vor allem in den Händen der Fachgesellschaften liegen; im Falle der DGS könnten zum Beispiel die Sektionen Träger von Graduiertenkursen sein.

Der systematische Ausbau von Doktorandenstudien soll an einigen ausgewählten Seminaren und Instituten mit der Einrichtung von "<u>Graduiertenkollegs</u>" betrieben werden. Die ersten Initiativen sind angelaufen: Einige Bundesländer planen schon die Standorte solcher Graduiertenkollegs, das Bundesministerium für Bildung und Wissenschaft und die Stiftung Volkswagenwerk haben schon Förderungsprogramme zu ihrer finanziellen Unterstützung aufgelegt. Es geht dabei um Sonderausstattung mit Hochschullehrerstellen, Gastdozenturen, Räumen mit Arbeitsplätzen für jeden Graduierten, Doktorandenstipendien, Reisemitteln etc. An diesen Beispielen wird erkennbar, daß Graduiertenkollegs privilegierte Institutionen werden. Es ist auch abzusehen, daß ihre Einrichtung an einer insgesamt kleinen Zahl von Ausbildungsstätten kollegiale Rivalitäten und Konflikte auslösen muß, wenn an anderen Stellen mit Sicherheit Ressourcen abgezogen werden. Die Ausdifferenzierung von Graduiertenkollegs wird Schichtungen im Hochschulsystem mit sich bringen bzw. verstärken. Dieser Effekt wird nach Lage der Dinge gar nicht mehr zu vermeiden sein. Umso wichtiger ist es, daß die Umstrukturierungen nicht nur von Ministerialbürokratien und Geldgebern entschieden werden. In jedem Einzelfall muß durch Mitwirkung von Fachkollegen gesichert sein, daß die Einrichtung von Graduiertenkollegs fachlich überzeugend ist und ihr (befristeter!) Zuschlag in einem fairen Wettbewerb erfolgt. Die DGS wird gut daran tun, sich sehr schnell darum zu kümmern.

Diskussion

1. Zu Inhalt und Problemen des Konzepts "Graduiertenkolleg"

Auf verschiedene Fragen nach Einzelheiten des Konzepts und dem Stand seiner Verwirklichung (Gerhardt, Lutz) wurden unter Verweis auf die "Empfehlungen" des Wissenschaftsrates "Zur Struktur des Studiums" (1985: 42-71), zusätzliche Informationen gegeben (Heckhausen, Neidhardt):

a. Der Grundgedanke ist, daß Doktoranden nicht in spezialisierten Forschungszusammenhängen "verschwinden" sollen, vielmehr die allgemeine Theorieausbildung weiterlaufen soll. Das schließt eine deutliche Trennung von Graduiertenkolleg und Sonderforschungsbereich ein: Die deutschen Sonderforschungsbereiche scheinen im Unterschied etwa zu vergleichbaren Forschungsorganisationen in den USA nicht genügend Sensibilität für die Nachwuchsförderung aufzuweisen.

b. Ein Graduiertenkolleg kann in einem Fach von wenigstens drei Hochschullehrern gebildet werden, die ein für die Nachwuchsausbildung geeignetes kohärentes Forschungsprogramm für etwa 8 bis 10 Jahre entwickeln, in dem je 5 bis 10 Doktoranden über mehrere Projektgenerationen arbeiten können. Die Hochschullehrer müssen nicht alle aus einer bestimmten Fakultät (Fachbereich) kommen;

auch außerhalb der Universität tätige Hochschullehrer können teilnehmen. Die Lehr- und Forschungsverpflichtungen im Graduiertenkolleg sollen auf das Lehrdeputat angerechnet werden. Wichtig ist, von der Einzelbetreuung wegzukommen und ein ausreichend breites Angebot anregender Lehrinhalte sicherzustellen. Dazu kommt das Prinzip der Örtlichkeit: Zu eng wäre also ein überörtlicher Zusammenschluß vieler Hochschullehrer einer Teildisziplin (wie z.B. der Sozialpsychologie), um "Masse und Kohärenz" zu sichern.

c. Graduiertenkollegs sind eine Chance für eine kleine Zahl von Ausbildungseinrichtungen. Entscheidungsfähigkeit einer Fakultät (Fachbereich) ist Voraussetzung ihrer Einrichtung, gesteigerte Reagibilität dank zusätzlicher Forschungsmittel eine wichtige Nebenfolge.

d. Finanziert wird das Programm einerseits durch Mittel des Bundes, der damit auch Kompetenzen im Bildungsbereich zurückgewinnen will. Der Wissenschaftsrat hat den Ländern vorgeschlagen, einen Teil der Graduiertenförderungsmittel über die Kollegs zu verteilen, um damit die durch die länderspezifische Förderung eingeschränkte Mobilität von Doktoranden zu erhöhen. Die Deutsche Forschungsgemeinschaft will einen Teil der durch das Kollegprogramm entstehenden Kosten im Schwerpunkt- oder im Normalverfahren übernehmen und, nach Konsultation der Mitgliedshochschulen, entscheiden, ob sie ihren Gutachterapparat für die Verteilung der Mittel zur Verfügung stellt. Die ersten Ausschreibungen für die Geistes- und Sozialwissenschaften sind in Kürze zu erwarten.

Gegen dieses Konzept "Graduiertenkolleg" wurden zwei Einwände vorgebracht: Eine zügige Realisierung des

des Konzepts entwerte die bestehende Postgraduierten-Ausbildung durch Mitarbeit in der Forschung am jeweiligen Ort (Zapf). Und: Nachwuchsförderung werde hier vor allem auf "universitäre Selbstergänzung" bezogen. Hier sei aber der Ersatzbedarf absehbar und gering. Die Frage müsse stärker auf die Absolventen bezogen werden, die in außeruniversitären Berufsfeldern tätig würden. Auch dieser Nachwuchs präge die Identität des Fachs. Die DGS habe sich in dieser Frage erheblicher Versäumnisse schuldig gemacht. (Lamnek)

2. Berufliche Realität und das Konzept berufsfeldbezogener Ausbildung

Das Problem der "Berufskarrieren" für Soziologen außerhalb der Universität wurde erneut aufgegriffen und zunächst im Vergleich zu den Psychologen diskutiert (v. Friedeburg, Heckhausen, Lutz). Danach ist in der Psychologie der Diplomstudiengang während des Krieges eingeführt und durch die Kodifizierung der Methoden konstituiert worden. Als nach dem Krieg die Diplomausbildung in größerem Umfang einsetzte, gab es außerhalb der Eignungsdiagnostik noch keine Berufskarrieren. Die Absolventen konnten sie sich aber schaffen, weil ein "objektiver Bedarf" vorhanden war. Selbst in der Wirtschaftspsychologie, die von der Psychologie nach dem Kriege aufgegeben worden war, schufen sich stellenlose Absolventen Karrieren, weil sie, stellvertretend für die potentiellen Beschäftiger, einen objektiven Bedarf "akzentuieren" konnten. Im Vergleich zur Soziologie war also der "objektive Bedarf" in der Psychologie mindestens viel deutlicher. Ein Fazit: Eine Reglementierung des Studiums durch einen scharf definierten Diplomstudiengang sei in der Soziologie kaum gerechtfertigt (v. Friedeburg).

Dagegen wurde geltend gemacht, daß es zwar "den Beruf des Soziologen" nicht gebe, wohl aber "Berufe für Soziologen" (Lamnek). Die Stellen für Soziologen könne man "nicht zeigen", doch sei klar, daß gewisse Aufgaben von Soziologen besser erfüllt würden als etwa von Juristen, Betriebswirten usw. (Vaskovics). Die Penetration bestimmter Berufsfelder sei auch wegen der Substitutionskonkurrenz schwierig: Juristen oder Mediziner widmeten sich eher der Rechts- bzw. Medizinsoziologie als Soziologen; diese seien einfach zu wenig "präsent" (Lamnek, Lutz). Man müsse aber auch sehen, daß der Soziologe in der Konkurrenz vor allem dort einen Vorteil habe, wo es um empirische Sozialforschung gehe; und daß potentielle Beschäftiger "irritiert" seien, weil die Soziologie ihnen kein "einheitliches Leistungsprofil" biete. In dieser letzteren Hinsicht wollten die Studienreformkommissionen hilfreich sein (Vaskovics).

Im übrigen wurde zu der immer wieder erwähnten "Berufsqualifizierung" bemerkt, daß damit in aller Regel nur gemeint sein könne, schon in das Studium "die Praxis miteinzubeziehen", um damit den "Praxisschock" der Absolventen zu mindern und den Beschäftigern ein Trainee-Programm zu ersparen (Lamnek).

3. Pluralität der Ausbildungsgänge und die Empfehlungen der zentralen Studienreformkommission

Mit Blick auf die Umsetzung von Ausbildungszielen in Prüfungsordnungen wurde zuerst nach der Bedeutung der Formel "theoriegeleitete empirische Forschungskompetenz" gefragt (Lamnek). Dazu wurde ausgeführt, daß es für die Ausbildung von theoretischer Kompetenz kein "Konzept" gebe wie für die methodische Kompetenz. Zur Forschungskompetenz gehöre außerdem die Kenntnis von kulturellen Gegebenheiten der Gegenwartsgesellschaft und ihrer Geschichte. Es sei auch für die Ausbildung, nicht nur für die Forschung, gefährlich, wenn sich die Methodenelaborierung oder die theoretischen Synthesen verselbständigten (Weiß). Hinsichtlich der Bedeutung des "Modells der theoriegeleiteten empirischen Forschung" für die Politik der Ausbildungseinrichtungen oder auch der DGS wurde vorgeschlagen, es als ein "Phasenmodell" aufzufassen: Die Studiengänge entwickelten sich lokal zunächst "naturwüchsig", später geplant und näherten sich dabei dem Modell an (Stagl).

Ein wichtiger Gegenstand der Diskussion war dann das Verhältnis von Magister- und Diplomstudiengang wie es von der zentralen Studienreformkommission konzipiert worden ist: Gleichwertig, aber in der Regelungsdichte verschieden. Dahinter stehe die Vorstellung, daß das Studium einerseits auf wissenschaftliche Entfaltung der Studenten, und zum andern auf eine arbeitsmarktverwertbare Qualifizierung ausgerichtet sei. Beides sei nicht in einem einzigen Studiengang zu erreichen. Daher müßten der Magisterstudiengang auf das ersterwähnte Ziel und der Diplomstudiengang auf das letztere gerichtet und beide eindeutig "profiliert" werden; der Magisterstudiengang dürfe kein "verkappter" Diplomstudiengang sein. (Landwehrmann) Schwierigkeiten gebe es möglicherweise an Einrichtungen mit beiden Studiengängen: Gemeinsame Lehrveranstaltungen verwischten die Profile. Das Arbeitsplatzrisiko sei im übrigen für den Absolventen des Magisterstudiengangs wegen dessen Flexibilität nicht so groß: unter Umständen könnte er sich sogar leichter einen Erwerb schaffen als der diplomierte Absolvent (Lamnek).

Gegen diese Konzeption der Studienreformkommission wurden mehrere Einwände erhoben: Sie sei widersprüchlich bezüglich der Gleichwertigkeit, wenn die Empfehlung zur personellen Mindestausstattung für den Magisterstudiengang sehr viel geringer ausfalle als für den Diplomstudiengang (Daheim). Die Studienreformkommission habe ein Paradox formuliert: An der gleichen Einrichtung einen "gehärteten Diplomstudiengang und für alle anderen Studenten den Magisterstudiengnag" zu führen. Das Grundproblem sei: "Reichen die gegenwärtigen Strukturierungs- und Regelungsmuster aus, um einerseits ausreichende Qualität zu sichern, und andererseits auf die lokalen Situationen einzugehen, daß nicht die einen über-, und die anderen unterfordert werden?" (Lutz)

Kritik anderer Art wurde als Plädoyer für drei statt zwei grundlegende Modelle formuliert (Rosenbaum): Neben dem Konzept "disziplinorientierter theoriegeleiteter Forschung" sei auch ein anderes Konzept für die Identität des Faches wichtig, das einen "interdisziplinären sozialwissenschaftlichen Zugang zum Gegenstand" vorsehe. An den Beispielen von Leistungsdruck als Medium betrieblicher sozialer Konflikte und an der Strukturanalyse vorkapitalistischer Gesellschaften wurde deutlich gemacht, daß der interdisziplinäre Zugriff auf den Gegenstand sich vom disziplinären unterscheidet und eine sinnvolle Art darstellt, Soziologie zu betreiben.

Aus der Sicht der Studienreformkommission wurde gefragt (Kamper), wie denn das Bekenntnis zu den Diversitäten im Fach in Regelungen umgesetzt werden könne: Wie der Magister- und weitere Studiengänge im Selbstverständnis des Faches aussehen sollten? Ob die Identität des Faches überhaupt in Prüfungsanforderungen Ausdruck finden könne? "Ob es nicht doch möglich (sei), wissenschaftliche Gegenstände und ihr historisches Schwinden intensiver zu diskutieren?" Ebenfalls aus der Sicht der Studienreformkommission wurde erklärt, warum für die integrierten Studiengänge keine Regelungsempfehlungen formuliert worden seien (Hartwich): Eine überlokale Regelung habe sich als nicht möglich erwiesen. Das eröffne den Instituten aber auch Chancen, gerade in einer Situation des Abbaus von Ressourcen: Es könnten je nach Ausstattung der verschiedenen sozialwissenschaftlichen Disziplinen neue Studiengänge gebildet werden, die Tätigkeitsfeldbezug hätten und Berufschancen böten. Das könne auch "explizite Politik des Faches" sein (Lutz), sofern man sich darüber einig werde, eine stark standardisierte Ausbildung nicht ausschließlich als Maß zu setzen.

Als problematischer Punkt in allen Empfehlungen der Studienreformkommission wurden inhaltliche Standardisierung und Regelungsdichte der Prüfungsordnungen gesehen (Landwehrmann, Neidhardt). Es wurde davor gewarnt, Regelungsdichte und Güte eines Studiengangs gleichzusetzen. Und es wurde dafür plädiert, sich auf "allgemeine Regelungen" zu beschränken und "sich inhaltlich zurückzuhalten". Einmal weil die "Intellektualität des Fachs" nicht durch inhaltliche Standardisierung gefährdet werden dürfe, und zum andern, weil man die Entwicklung des Fachs durch Festschreiben bestimmter Inhalte der möglichen Kontrolle durch die Wissenschaftsbürokratie ausliefere. Im übrigen könne die Einheit des Fachs nicht über Prüfungsordnungen gesichert werden; was an Konsens möglich sei, werde erreicht "über Rezensionen und Selektionsauseinandersetzungen" (Neidhardt).

4. <u>Was kann von den Einrichtungen bzw. von der DGS zur Förderung der Qualität der Ausbildung getan werden?</u>

In Bezug auf die Qualität der Ausbildung wurde am Beispiel der Pädagogik zunächst darauf hingewiesen, daß auch Studenten, für die das Fach nur die zweitbeste Studienalternative sei, nach einigen Semestern an einer guten Ausbildung interessiert werden und dafür sogar zum Wechsel des Studienorts bereit sein könnten (Heid).

Noten als Selektionsinstrument wurden sehr skeptisch betrachtet: Es gebe komplexe Selektionsprozesse, die davon ganz unabhängig und z.T. gar nicht beeinflußbar seien, wie etwa demographische und Arbeitsmarktprozesse (Zapf). Wiederum am Beispiel der Pädagogik wurde aufgezeigt, daß Notengebung und Qualität des Unterrichts durchaus auseinanderfallen könnten: daß nämlich wegen der überlokalen Konkurrenz von Hochschullehrern um Ansehen manchmal eine Vergabe schlechter Noten mit geringer Qualität des Unterrichts zusammengingen (Heid). Im Hintergrund der Kontroverse standen verschiedene Auffassungen darüber, welche Selektionsprozesse wieweit gesteuert werden könnten (Zapf, Neidhardt).

Diese Auffassungsunterschiede zeigten sich auch in der Diskussion über die örtliche Kontrolle der Qualität der Ausbildung. Versage diese, würden längerfristig die Absolventen keine Stellen finden (Stagl). Da dies offensichtlich an einigen Einrichtungen der Fall sei, müßten durch überlokale Regelungen "Mindeststandards" gesetzt werden; die Studienreformkommission versuche, bei der Verteidigung "bestimmter unterer Grenzen" zu helfen. Verdichtung der Regelungen allein sei natürlich nicht geeignet, dieses erfolgreich zu tun. Auf der anderen Seite sei die Qualität der Ausbildung auch von der Ausstattung einer Einrichtung abhängig: Auch hier gebe es Untergrenzen. (Vaskovics)

Bezüglich der Verteidigung dieser Ausstattungsuntergrenze wurde die Rolle der DGS, über Empfehlungen Einfluß zu nehmen, kontrovers eingeschätzt: Eher pessimistisch (Stagl), eher optimistisch (Vaskovics). Hinsichtlich von Bemühungen, die Qualität der Ausbildung der einzelnen Einrichtungen zu "kontrollieren", wurde der DGS Zurückhaltung empfohlen: Einmal, weil der Vorstand mangels "politischer Wahl" zur Kontrolle nicht legitimiert sei, vor allem aber, weil er seine Aufgabe, einen "offenen Markt" für die Auffassungen und Interessen im Fach zu organisieren, dann kaum mehr erfolgreich wahrnehmen könnte (Nunner-Winkler).

Soziologiestudium und aktive Professionalisierung: „Erinnerungsposten“ und neue Perspektiven[1]

Manfred Brusten

Wer heute die Frage nach der Beziehung zwischen "Soziologiestudium" und "aktiver Professionalisierung" beantworten will, wird sehr schnell festellen können, daß dieses Thema zur Zeit weit weniger im Zentrum der aktuellen soziologischen Diskussion steht und auch weit weniger reflexiv diskutiert wird als noch vor rund 15 Jahren, als sich J. Matthes und F.-X. Kaufmann im Zusammenhang der Konzipierung des Bielefelder Diplom-Soziologen-Studiengangs sehr ausführlich und höchst engagiert mit derartigen Fragen befaßten[2)].

Auch wenn es sinnvoll wäre, an den Stand der damaligen Diskussion wieder anzuknüpfen, so ist dies doch im Rahmen eines kurzen Positionspapiers kaum in angemessener Weise zu leisten; zum einen, weil der damalige Diskussionsstand hier und heute nicht mehr einfach vorausgesetzt werden kann, so daß schon von daher kurze Andeutungen und Erinnerungsstützen nicht ausreichten; zum anderen, weil schon die damalige Diskussion in sich viel zu komplex war, um sie in Form einer kurzen Zusammenfassung referieren zu können.

1. "Aktive Professionalisierung" und berufsfeld-orientiertes Studium

Will man sich heute dennoch, d.h. ohne weitere Recherchen nach vergangenen "Diskussionsbeständen", erneut mit dem Konzept der "aktiven Professionalisierung" befassen, dann ist leicht zu erkennen, daß dieser Begriff nur dann seine spezifische Prägnanz und Bedeutung erhält, wenn wir ihn mit dem wesentlich weiter verbreiteten Konzept der "passiven Professionalisierung" kontrastieren (vgl. Kaufmann 1973, S. 265 und Kaufmann/Lohan 1979, S. 168). Denn während am Beginn der "passiven Professionalisierung" eine zunächst unspezifizierte Nachfrage nach Soziologen in der Gesellschaft steht, der dann durch ein entsprechendes ebenso unspezifiziertes Angebot an unspezifiziert ausgebildeten Soziologen entsprochen wird, bis sich nach und nach spezifischere Berufspositionen für Soziologen in den verschiedensten gesellschaftlichen Praxisbereichen herausbilden, besteht die Strategie der "aktiven Professionalisierung" vor allem darin, das berufsbezogene Studium in Antizipation künftiger Entwicklungen von vornherein auf ganz bestimmt Praxisfelder hin auszurichten, in denen in Zukunft ein wachsender Bedarf an soziologisch ausgebildeten Fachkräften vermutet wird.

Daß dieser "latente Bedarf" an Soziologen nun auch tatsächlich aktualisiert wird, setzt dann allerdings voraus, daß es gelingt, Soziologen mit einem ausreichenden <u>berufsfeld-spezifischen Fachwissen</u> auszubilden, das es ihnen gestattet, sich nicht nur durch gute allgemeine soziologische Kenntnisse und Fertigkeiten auszuweisen (etwa durch gute Kenntnis der Allgemeinen Soziologie, durch praktische Forschungskompetenz und durch Diagnosefähigkeit), sondern auch dadurch, daß sie in der Lage sind, die im wesentlichen inhaltlich bestimmten Erwartungen der jeweiligen gesellschaftlichen Praxis zu erfüllen, in denen sie als Soziologen tätig sein möchten.

Derartige praxisbezogene inhaltlich bestimmte Kenntnisse und Fertigkeiten lassen sich während des Studiums auf durchaus vielfältige und sehr verschiedene Art und Weise vermitteln:

a. Durch das Studium bestimmter spezieller Soziologien, die sich bereits mit zentralen Fragestellungen und Problemen der angezielten Praxisfelder befassen;

b. durch die Vermittlung konkreter "sozialkundlicher" Kenntnisse über die angezielten Praxisfelder, etwa durch Exkursionen, Erkundigungspraktikum, Lehrveranstaltungen mit "Praktikern" etc.;

c. durch Vermittlung und sozialwissenschaftliche Reflexion der für die angezielten Praxisfelder kennzeichnenden Alltags- und Praxistheorien;

d. durch ein Angebot von Lehrveranstaltungen, in denen bereits in der Praxis tätige Sozialwissenschaftler über ihre persönlichen Erfahrungen berichten und dadurch den Widerstand, den die gesellschaftliche Praxis ihrer "sozialwissenschaftlichen Durchdringung" entgegenbringt, für den Studenten bereits im Studium erfahrbar und antizipierbar machen;

e. durch Berufs- und Forschungspraktika (einschließlich empirisch ausgerichteter Diplomarbeiten), die sich mit Fragen und Problemen der jeweils konkret angezielten Praxisfelder befassen bzw. mit den Möglichkeiten einer beruflichen Tätigkeit von Soziologen in diesen jeweiligen Praxisfeldern;

f. durch Vermittlung von praxisbezogenem Handlungs- und Orientierungswissen aus den "Nachbardisziplinen" der Soziologie, wie etwa spezifischen juristischen, psychologischen und wirtschaftswissenschaftlichen Zusatzkenntnissen, mit denen Studenten der Soziologie in der späteren Berufspraxis konfrontiert werden bzw. die sie für ihre eigene berufliche Tätigkeit höchstwahrscheinlich selbst benötigen werden.

2. "Aktive Professionalisierung" und "Praxisschwerpunkte" des Studiums

Geht man nun etwas mehr ins Detail[3], dann wird sofort deutlich, daß das Konzept der "aktiven Professionalisierung" in einem sehr engen Bezug zu einem zweiten Konzept der Reform der sozialwissenschaftlichen Ausbildung steht, nämlich dem des "Praxisschwerpunkts" in Lehre und Studium. Die inhaltliche Ausrichtung derartiger "Praxisschwerpunkte" kann allerdings - den jeweiligen Berufs- und Tätigkeitsfeldern entsprechend, auf die sich die "berufsqualifizierende" Ausbildung der Soziologen in erster Linie richtet - von Hochschule zu Hochschule durchaus unterschiedlich sein[4].

Ohne hier auf die Vielfältigkeit der sich auf "Praxisbezug" und "Schwerpunktstudium" beziehenden Begrifflichkeit und deren sozialen sowie wissenschaftstheoretischen Hintergründe näher eingehen zu können, erscheint es zweckmäßig, sich zunächst rein pragmatisch einmal darauf zu verständigen, im Hinblick auf die Ausbildung an den Hochschulen am besten von "praxisorientierten Lehr- und Studienschwerpunkten" zu sprechen und im Hinblick auf die institutionellen bzw. gesellschaftlichen Praxis- und Tätigkeitsfelder, in denen Schwerpunkt-Kenntnisse Anwendung finden sollen, von "Anwendungsbereichen der Soziologie".

Die praxisorientierten Lehr- und Studienschwerpunkte stellen keine zusätzlichen Fächer dar, sondern ein Lehrangebot, das den Studenten zunächst einmal die Gelegenheit geben soll, ihr bislang erworbenes und noch zu erwerbendes Fachwissen in die Analyse und die Erarbeitung von Handlungsstrategien zur Lösung ganz bestimmter gesellschaftlicher, institutioneller und persönlicher Probleme einzubringen. Interdisziplinarität, Praxisorientierung und konkrete Ausrichtung auf Berufs- und Tätigkeitsfelder für Soziologen gehören daher zu den besonderen Merkmalen der hier anzubietenden Veranstaltungen. Dabei sind kritische Auseinandersetzungen mit den in den jeweiligen "Anwendungsbereichen" bereits vorzufindenden Strukturen ebenso wichtig wie unmittelbare Kontakte zu eben dieser Praxis.

3. Forschungspraktikum und Diplomarbeit

Eine besondere Möglichkeit, die "aktive Professionalisierung" der Soziologie voranzutreiben und damit zugleich auch die eigenen Berufschancen wesentlich zu verbessern, besteht darin, auch die Diplomarbeit und, wenn möglich, das zur Diplomarbeit führende Forschungspraktikum im Rahmen eines praxisorientierten Lehr- und Studienschwerpunktes "anzusiedeln". Forschungspraktika und Diplomarbeiten könnten auf diese Weise verstärkt konkrete "Praxisprobleme" aufgreifen, entsprechende Forschungslücken aufspüren, umfassendere Forschungen stimulieren, eine breitere Öffentlichkeit auf konkrete Praxisprobleme aufmerksam machen und nicht zuletzt auch durch empirische Forschungen Entscheidungen in bestimmten institutionellen und gesellschaftlichen Praxisfeldern (und damit gesellschaftliche Entwicklung) bewußt beeinflussen. Aber auch unabhängig von seiner inhaltlichen Ausrichtung auf bestimmte Praxis- und Tätigkeitsfelder, die für Soziologen infrage kämen, stellt das Forschungspraktikum im Hauptstudium (vgl. Brusten 1986) heute einen ganz zentralen Bestandteil eines jeden berufsqualifizierenden und damit auf aktive Professionalisierung zielenden soziologischen Studiums dar. Denn Kenntnisse und praktische Kompetenz auf dem Gebiet der empirischen Sozialforschung gehören heute ohne Zweifel zum "Handwerkzeug" von Soziologen und damit zu den "Standard-Erwartungen", die "Praxisvertreter" an Soziologen herantragen. Durch die Integration von Forschungpraktikum und Diplomarbeit in das praxisorientierte Schwerpunktstudium verschafft sich der Student daher eine nahezu konkurrenzlose "Doppelqualifikation" von inhaltlicher und forschungspraktischer Kompetenz, die seine Chancen, in dem von ihm angezielten "Bereich gesellschaftlicher Praxis" später auch beruflich tätig zu werden, wesentlich erhöhen.

4. Bessere Berufschancen durch "aktive Professionalisierung"

Ob sich die Berufschancen durch Schwerpunktbildung und Praxisorientierung des Studiums in jedem Fall verbessern lassen oder nicht, läßt sich heute, trotz der inzwischen jahrelanger Erfahrung mit den verschiedensten sozialwissenschaftlichen Studiengängen, nicht eindeutig sagen. Ob sich "Generalisten" oder "Spezialisten" besser "durchsetzen", darüber entscheiden noch immer weitgehend die "Gesetze des Arbeitsmarktes" und die individuellen Studieninteressen der Studenten. Dennoch, wer sich ganz gezielt zum Studium bestimmter "Anwendungsbereiche der Soziologie" entscheidet, der dürfte damit sehr bald und sehr eindeutig zu jenen "Spezialisten" gehören, die in dem von ihnen angezielten Tätigkeitsfeld in der Regel auch die besseren beruflichen Chancen haben. Im übrigen gilt prinzipiell, daß Art und Umfang der zur Verfügung stehenden Tätigkeitsfelder für Soziologen nicht zuletzt von den Soziologen selbst abhängen, nämlich von ihrer Bereitschaft, sich ihre beruflichen Tätigkeitsfelder über Strategien der "passiven" und "aktiven" Professionalisierung selbst zu "erobern". Zentrales Element einer praxisbezogenen Ausbildung von Soziologen ist es daher, genau diese Einstellung und Bereitschaft zu fördern.

Das bedeutet, daß sich sowohl die Hochschulen als auch die Studierenden immer wieder aufs neue aktiv mit den Problemen und Möglichkeiten eines berufsqualifizierenden Studiums der Soziologie auseinandersetzen müssen (vgl. Kaufmann/Lohan, S. 167 ff.). Dies setzt jedoch voraus:

a. Die Bereitschaft, die Ausbildung der Soziologen im Sinne einer "passiven Professionalisierung" an den (oft nur diffusen) Erwartungen der Praxis auszurichten, die sich in der Praxis anbietenden Tätigkeiten zunächst einmal anzunehmen, sich dort "einzuarbeiten" und dann nach und nach die an der Hochschule erworbenen professionellen soziologischen Kenntnisse und Fertigkeiten einzusetzen.

b. Die Bereitschaft, im Sinne einer "aktiven Professionalisierung" gezielte Anstrengungen zu unternehmen, die gesellschaftlichen Erwartungen hinsichtlich der beruflichen Verwertbarkeit der Soziologie bewußt und aktiv zu beeinflussen. D.h., selbst mit dazu beizutragen, den Bedarf an soziologischem Sachverstand in bestimmten potentiellen "Anwendungsbereichen der Soziologie" nachzuweisen und potentielle Anstellungsträger über die spezifischen Kenntnisse und Fähigkeiten der Diplom-Soziologen zu informieren.

c. Nicht zuletzt sind aber auch immer wieder erneut Berufsfeldanalysen und Absolventenbefragungen durchzuführen[5], um die Ausbildung möglichst weitgehend an den Chancen des Arbeitsmarktes und den Berufserfahrungen der bereits beruflich tätigen Soziologen auszurichten[6].

Vor dem Hintergrund solcher Bemühungen um eine aktive und passive Professionalisierung der Soziologie stellt sich daher weniger die Frage, ob eine berufs- und tätigkeitsfeldbezogene Spezialisierung sinnvoll ist oder nicht, sondern es fragt sich vor allem, ob und inwieweit die Hochschule und die Studenten bereit sind, die Professionalisierung der Soziologie in bestimmten "Anwendungsbereichen" selbst mit voranzutreiben, um die Berufschancen von Soziologen in den sich hier anbietenden Praxisfeldern zu verbessern.

Anmerkungen

1) Beim vorliegenden Text handelt es sich um ein "unausgewogenes" Positionspapier. Die damit stets verbundene Schwerpunktsetzung in der Argumentation läßt weder den Rückschluß zu, der Autor halte die "aktive Professionalisierung der Soziologie" für ein "Allheilmittel" zur Lösung der komplexen Probleme des heutigen Soziologiestudiums, noch die Vermutung, der Autor habe noch nicht erkannt, daß Verfechter einer "aktiven Professionalisierung" heute unter Fachkollegen mehr denn je Gefahr laufen, sich selbst "zwischen alle Stühle zu setzen". Im übrigen wird im vorliegenden Text lediglich aus Gründen der sprachlichen Vereinfachung ohne Klärung des Verhältnisses von Soziologie und Sozialwissenschaften immer nur von "Soziologen" statt von "Soziologen/Sozialwissenschaftlern" gesprochen, obwohl letzteres sicherlich zunächst angemessener wäre, um allen nicht hier intendierten und auch unnötigen "Differenzierungen" vorzubeugen.

2) Man lese zu diesem Zweck noch einmal die Beiträge von Matthes und Kaufmann in: Matthes 1973, S. 173-183, 258-266, 272-275.

3) Die nachfolgenden Ausführungen sind inzwischen wesentlich detaillierter erarbeitet, auf den Bereich der "Prophylaxe abweichenden Verhaltens" konkretisiert und veröffentlicht worden in Brusten 1986.

4) Beispiele hierfür sind das Reformmodell des von vornherein als "berufsbezogenen" geplanten "Diplom-Soziologen-Studiengangs" an der Universität Bielefeld mit insgesamt 6 Praxisschwerpunkten: "Sozialarbeit und Sozialplanung", "Entwicklungsplanung und Entwicklungspolitik", "öffentliche Verwaltung", "Organisations- und Personalwesen", "Regional- und Raumplanung" sowie "Wissenschafts- und Bildungsplanung", und der im Hinblick auf das Spektrum potentieller beruflicher Tätigkeitsfelder wesentlich "enger" ausgerichtete Integrierte Studiengang Sozialwissenschaften (ISS) an der Bergischen Universität (GHS) Wuppertal, der seit 1982 vier als "Anwendungsgebiete der Sozialwissenschaften" bezeichnete praxisorientierte Studienschwerpunkt ausweist, und zwar "Prophylaxe abweichenden Verhalten", "soziale Rehabilitation", "Sozialplanung und Sozialverwaltung" sowie "Sozialpädagogik im Bereich der Strafrechtspflege".

5) Vgl. hierzu z.B. die Berufsfeldanalyse von Schneider 1977 und die Absolventenbefragung von Brusten/Holtappels/Schmidt 1983.

6) Eine besonders gute Gelegenheit, Praxiserfahrungen von Soziologen/Sozialwissenschaftlern an die Hochschulen "zurückzukoppeln", besteht selbstverständlich in der m.W. viel zu wenig genutzten Möglichkeit, ehemalige Absolventen des eigenen Studiengangs zu entsprechenden Lehrveranstaltungen einzuladen. Nicht minder wichtig wären allerdings auch Weiterbildungsprogramme der Hochschulen für berufstätige Soziologen/Sozialwissenschaftler, damit soziologisches Praxiswissen nicht allzusehr und allzulange hinter der wissenschaftlichen Weiterentwicklung herhinkt und berufstätige Soziologen/Sozialwissenschaftler die für ihr praktisches Handeln notwendige "analytische Distanz" zu ihrem beruflichen Alltag und somit letztlich ihre "berufliche Professionalität" behalten.

Literatur

BRUSTEN, M./HOLTAPPELS, H.G./Schmidt, G.: Arbeitsmarkt- und Berufserfahrungen Wuppertaler Sozialwissenschaftler. Ergebnisse einer Absolventenbefragung, in: Soziologie 2/1983, S. 152-176.

BRUSTEN, M.: "Delinquenzprophylaxe" als Anwendungsbereich der Sozialwissenschaften. Thesen und Anregungen zum Aufbau praxisorientierter Lehr- und Studienschwerpunkte zur "Vorbeugung gegen abweichendes Verhalten". In: OSTENDORF, H. (Hrsg.), Integration von Strafrecht und Sozialwissenschaften, München 1986, S. 148-170.

BRUSTEN, M.: Das Forschungspraktikum im "Integrierten Studiengang Sozialwissenschaften (ISS) Wuppertal". In: Soziologie, 2/1986, S. 163-177.

HEITBREDE-FLORIAN, V.: Praxis auf Rezept? Angewandte Soziologie im amerikanischen Lehrbetrieb. In: Soziologie, 1/1985, S. 39-48.

HÖHMANN, P./LANGE, E./SCHNEIDER, H.R. (Hrsg.): Die Praxisrelevanz der Sozialwissenschaften und die Handlungskompetenz von Sozialwissenschaftlern in außeruniversitären Berufsfeldern. BDS-Schriftenreihe, Bd. 4, Bielefeld 1983.

KAUFMANN, F.X.: Überlegungen zum Praxisbezug des Soziologiestudiums. In: MATTHES, J., Einführung in das Studium der Soziologie, Reinbek 1973, S. 258-266 (zuerst Ms. 1969).

KAUFMANN, F.X./LOHAN, R.: Sozialwissenschaftliche Ausbildung und berufliche Praxis. In: Universität Bielefeld (Hrsg.): Zwischenstationen, Bielefeld 1979, S. 163-172.

LUMM, G. (Hrsg.): Ausbildung und Berufssituation von Soziologen. Anwendung und Professionalisierung der Soziologie. BDS-Schriftenreihe, Bd. 6, Bielefeld 1985.

MATTHES, J.: Einführung in das Studium der Soziologie. Reinbek 1973.

MATTHES, J.: Thesen zum Problem eines praxisorientierten soziologischen Studiums. In: Ders., Einführung in das Studium der Soziologie, Reinbek 1973, S. 272-275 (zuerst Ms. 1972).

SCHNEIDER, H.R.: Soziologen im Berufsfeld Sozialarbeit/ Sozialplanung. Bielefeld 1977.

WEDEL-PARLOW, U.v.: 500 Erkundigungspraktika. Erfahrungen im Integrierten Studiengang Sozialwissenschaften an der Bergischen Universität Wuppertal. In: Soziologie, 2/1984, S. 159-169.

Diskussion

Die Diskussion bestand aus einer Reihe von teils kritischen, teils informatorischen Fragen und den zusammenfassenden Antworten des Referenten.

Im ganzen eher kritische Fragen richteten sich auf bestimmte Elemente des Konzepts der "aktiven Professionalisierung". So wurde am Professionsbegriff der einseitige Bezug auf die außeruniversitäre Praxis bemängelt, nachdem in der Diskussion bisher vor allem von der Soziologie als "Forschungsprofession" die Rede war (Heitbrede). Dem wurde der Bezug von Professionalisierung auf verschiedene Formen von Praxis bei Kaufmann und Matthes entgegengehalten (Brusten).

Auf das Verhältnis von Wissenschaft und Praxis richteten sich andere Fragen: Was sind die Auswirkungen des Praxisbezugs von Wissenschaft auf diese selbst, vor allem wenn Praxisprobleme manchmal "recht vordergründig" sind? (Heitbrede) Welches Modell des Verhältnisses von Wissenschaft und Praxis liegt dem Konzept der "aktiven Professionalisierung" zugrunde? (Daheim) Ist der Praxisbezug nur theoretisch vermittelt oder haben die Hochschullehrer Praxiserfahrung? (Lamnek) Zu diesen Fragen wurde ausgeführt, daß am Konzept der "aktiven Professionalisierung" weitergearbeitet werden müsse, um die beiden ersten Fragen beantworten zu können, daß man aber in der Zwischenzeit "anwendungsbezogene Forschung" nicht liegenlassen dürfe, da sonst "Staatsforschungsinstitute" (etwa in Forschungszusammenhängen des Bundeskriminalamtes) dort eintreten würden. Das gelte sinngemäß auch für die berufsfeldbezogene Ausbildung. Zur dritten Frage wurde mit Bezug auf Wuppertal auf die im Studiengang tätigen Fachhochschullehrer verwiesen (Brusten).

Auf das Wuppertaler Beispiel bezogen war die Frage, ob nicht dieser Studiengang ein Beispiel für sozialwissenschaftliche (interdisziplinäre) Integration von Soziologie sei, nachdem diese Schwierigkeiten habe, sich als Einheit zu konstituieren (Hartwich). Die Frage wurde unter Betonung des genuin soziologischen Charakters des Wuppertaler Studiengangs verneint: Es würden allgemeine Soziologie, Methoden und zwei spezielle Soziologien mit zwei weiteren Fächern aus dem Bereich von Sozialpädagogik, Sozialpsychologie und Rechtswissenschaft verknüpft, wobei diese Fächer zwar nicht "nachgeordnet" seien, doch nur in relevanten Ausschnitten gelehrt würden.

Eine Reihe von Fragen und Bemerkungen richtete sich auf die Realisierungsbedingungen des Konzepts der "aktiven Professionalisierung": Wird ein besonderer Studententyp rekrutiert, etwa überproportional häufig Absolventen des zweiten Bildungsweges? (Lutz, Zapf) Was ist die erforderliche Motivation der Lehrenden? Welche Bedeutung haben Berufsfelduntersuchungen? (Daheim) Dazu wurde zunächst ausgeführt, daß in Wuppertal besonders häufig Fachoberschulabsolventen den Studiengang gewählt hätten, ihr Anteil neuerdings aber rückläufig sei; generell brächten die Anfänger eine besondere Orientierung mit: In der Praxis handeln zu wollen. Die Motivation der

Lehrenden sei nicht zuletzt wegen der Konkurrenz um Studenten groß. Kenntnis des Berufsfeldes habe man einerseits aus den Bielefelder Analysen zur Sozialarbeit, andererseits aus fehlgeschlagenen eigenen Versuchen der berufsfeldorientierten Ausbildung, was auch zur Änderung der Prüfungsordnung geführt habe. (Brusten)

Zwei weitere Fragen bezogen sich auf die Auswirkungen der Realisierung des Konzepts auf die Berufseinmündung: Gibt es Daten über Berufseinmündungschancen? (Vaskovics) Läßt sich bei den Studenten, bedingt durch starke Spezialisierung in der Ausbildung, die Tendenz feststellen, das Risiko der Berufseinmündung zu unterschätzen, zumal diese Ausbildung es ihnen ja auch erschwert, in anderen Berufsfeldern unterzukommen? (Rammert-Faber) In der Antwort wurde auf Berufseinmündungsuntersuchungen für einen großen Teil der bisherigen Absolventen und die ziemlich genaue Kenntnis der Berufseinmündung weiterer Absolventen aus persönlicher Bekanntschaft verwiesen. Das Risiko, das die Studenten liefen, wurde als nicht sehr groß eingeschätzt: Zum einen könnten sie sich während des Studiums früher oder auch später für den Studiengang entscheiden, und zum andern böte der Studiengang besonders solchen Studenten eine sehr gute Chance, "die von vornherein wissen, was für einen Arbeitsplatz sie wollen". (Brusten)

Thesen zu Bildungsexpansion und Soziologiestudium

Ludwig von Friedeburg

1. Die Bildungsexpansion im Gefolge des gesellschaftlichen Strukturwandels hat im Verhältnis von Bildungs- und Beschäftigungssystem um so mehr verändert, je strikter eine allgemeine und berufliche Vorbildung in eine bestimmte Berufskarriere führte.

2. Insbesondere die Öffnung der Hochschulen stellte grundsätzlich die eindeutige Zuordnung wissenschaftlicher Ausbildung und entsprechender akademischer Berufstätigkeit in Frage.

3. In Zukunft wird daher ein großer Anteil der Studierenden, und zwar auch der im Studium erfolgreichen, keinen Platz in einer akademischen Berufsposition finden.

4. Daran ändern generell Studieninhalte und -zeiten nichts, so wichtig sie individuell für die Berufschancen Einzelner sind.

5. Demographische und ökonomische Gründe sowie die vorausgegangene erhebliche Erweiterung akademischer Beschäftigung im öffentlichen Dienst lassen in den kommenden Jahren die Aussichten für Hochschulabsolventen, eine herkömmliche Anstellung zu finden, noch schlechter

erscheinen.

6. Davon sind Hauptfachstudenten/innen der Soziologie besonders betroffen, insofern Berufskarrieren für sie außerhalb von Forschung und Lehre kaum erschlossen werden konnten und können, und die gesellschaftlichen Erwartungen an sozialwissenschaftliche Fachkompetenz erheblich zurückgingen.

7. Berufsbezogene Spezialisierung des Hauptfachstudiums, nach wie vor an einzelnen Universitäten erfolgreich, doch generell immer wieder enttäuschend vermittelt, bietet keinen Schlüssel, um in der entsprechenden Größenordnung Einsatzmöglichkeiten für Diplomsoziologen zu eröffnen. Ebensowenig vereinheitlichende Normierung und generell hohe Regelungsdichte des Hauptfachstudiums. Rechnung zu tragen ist vielmehr der großen Breite zukünftiger Berufstätigkeiten von Studierenden der Soziologie, im Haupt- wie im Nebenfach, und ihren so heterogenen Studienmotiven.

8. Die inhaltliche und formale Vielfalt des soziologischen Lehrangebots entspricht der Konstitution und historischen Entwicklung des Faches. Dessen Identität wird durch seine Fragestellung bestimmt und manifestiert sich in den mit ihr gewonnenen Beständen theoretischen und empirischen Wissens.

9. Ziel der Hauptfachausbildung ist theorieorientierte Forschungskompetenz, ob in Diplom-, Magister- oder integrierten Studiengängen. Abgesehen vom wissenschaftlichen Nachwuchs, wird damit unter dem Aspekt künftiger Beschäftigung keine Berufsausbildung sondern eine Berufsgrundbildung vermittelt. In diesem Sinne hat das Soziolo-

giestudium eine Bildungsfunktion, wie in anderer Weise auch im Nebenfachstudium, die der gesellschaftlichen Aufgabe der Hochschulen entspricht.

10. Insoweit überlange Studienzeiten durch die Studien- und Prüfungsorganisation bedingt sind, muß diese sachlich entrümpelt und zeitlich liberalisiert werden. Die aus dem Zusammenhang des Berechtigungswesens stammenden Mindestfristen für die verschiedenen Prüfungstermine sind abzuschaffen. Die mit dem jeweiligen Lehrangebot verbundenen Prüfungsanforderungen aber können nicht ernst genug genommen werden, gerade wegen der für das Fach und die Studierenden erforderlichen Differenzierung. Dazu gehört auch eine bessere überregionale Information. Studierenden, die ohne Studienabschluß die Hochschule verlassen, müssen die bis dahin erbrachten Leistungen bescheinigt werden.

Diskussion

An die Erläuterung der Thesen v. Friedeburgs schloß sich eine längere Diskussion an, in der neben qualifizierter Zustimmung vor allem kritisch auf die Voraussetzungen und die Konsequenzen der vorgeschlagenen Konzeption für das Hauptfachstudium der Soziologie hingewiesen wurde. In wenigstens einem Beitrag erschien das Konzept insgesamt als entbehrlich (Lamnek): Es gebe bereits jetzt bei den allgemeinen Regeln eine große Vielfalt von Prüfungsvoraussetzungen und -inhalten und nach den Vorstellungen der Studienreformkommission werde es sie auch in Zukunft geben, die, so die Implikation, der Vielfalt der Motivationstypen der Studierenden gerecht zu werden in der Lage seien. Gegen Ende der Diskussion kristallisierte sich eine Konzeption heraus, die als "hinnehmbar" bezeichnet wurde.

1. Vielfalt der Motivationen und Studienkonzeptionen - Voraussetzungen und Konsequenzen

Zentrale Voraussetzung der Konzeption v. Friedeburgs ist der Mangel an Berufschancen für die Mehrzahl der Absolventen auf dem Akademikerarbeitsmarkt: Es hat danach nie Berufskarrieren für Soziologen als Soziologen gegeben. Diese Voraussetzung wurde in Zweifel gezogen: Die Daten über den Verbleib der Absolventen, so bruchstückhaft sie auch seien, zeigen, daß es Berufskarrieren für Soziologen gebe, und zwar insgesamt eher für Absolventen aus dem wirtschaftswissenschaftlichen als aus dem geisteswissenschaftlichen Bereich; "wir können die Karrieren durchaus nachzeichnen" (Lamnek). In anderer Richtung wurde speziell mit Blick auf Berlin argumentiert: Selbst hier werde für einen Arbeitsmarkt ausgebildet, und zwar für einen "unterhalb der üblichen Akademikertätigkeiten, zum Teil am Rande des informellen Sektors". Viele hochmotivierte Studenten bildeten nach Studienabschluß den Kern sozialer Bewegungen, von woher die Soziologie als Disziplin ja auch immer wieder Impulse erhalte. (Kohli) Bezüglich der erwerbslosen Absolventen wurde darauf hingewiesen, daß ihr Anteil deshalb so hoch erscheine, weil sie überproportional häufig an der Universität weiter in Erscheinung träten; ihr Anteil sei aber jedenfalls nicht hoch genug, um vom Konzept des berufsfeldorientierten Studiums Abschied zu nehmen (Landwehrmann). Diese Schlußfolgerung ergab sich auch implizit aus einem weiteren Beitrag: Arbeitslosigkeit und Studienverlängerung müßten mit dem Angebot an Jobs in der Industrie nur für Studenten in Beziehung gesetzt werden (Brusten). Im übrigen wurde darauf aufmerksam gemacht, daß alle quantitativen Ausführungen über Arbeitslosigkeit lediglich "unzuverlässige Schätzungen" seien, schon wegen der Datenschutzgesetzgebung (Heckhausen).

Als eine Auswirkung des Studiums als Bildungsstudium bei Zurücknahme der Regulierung nach dem Konzept v. Friedeburgs wurde auf eine Benachteiligung der Angehörigen von früher und heute eher "bildungsfernen" Schichten hingewiesen (Büschges, Hoffmann-Nowotny): Das Konzept gehe von den Verhältnissen an den geisteswissenschaftlichen Fakultäten zu einer Zeit aus, als nur 5 % eines Jahrgangs studierten. Es passe nicht in die Massenuniversität, die Regelungen brauche, wo früher die persönliche Autorität des Ordinarius ausgereicht habe. Der größte Teil der Studierenden könne von seinen Eltern nicht erwarten, während und nach Abschluß des Studiums finanziert zu werden. Studierende aus bildungsferneren Schichten fehle schließlich das Vorwissen, um die Vielfalt und die Liberalität im eigenen Interesse nutzen zu können. Darauf wurde erwidert, daß auch Kinder aus den Mittelschichten angesichts der allgemeinen Erwartung, daß ein Studium in einen Beruf einmünde, Probleme mit den fehlenden Berufsaussichten hätten. Man müsse den Studenten angesichts des Auseinanderfallens von Bildungs- und Beschäftigungssystemen sagen, daß die Chancen der Absolventen im Berufsleben sehr unterschiedlich seien. (v. Friedeburg)

Andere Beiträge machten auf die Schwierigkeiten für das Fach aufmerksam, die sich bei Realisierung des Konzepts ergeben könnten. Ein Konzept mit bis zu 6 Studiengängen, von Soziologie als "harter" Einzelwissenschaft bis hin zu Soziologie als humanistischem Bildungsstudium, müsse zu einer "inneren Zerreißprobe" des Fachs führen (Heckhausen). Gefragt wurde, ob man die Studiengänge am gleichen Ort gegeneinander abschotten könne; ob man für verschiedene Studententypen am gleichen Ort unterschiedliche Lehrveranstaltungen organisieren könne (Daheim); ob an kleineren Instituten die Hochschullehrer die verlangten unterschiedlichen Rollen miteinander vereinbaren könnten (Stagl). Demgegenüber verwies v. Friedeburg darauf, daß mittlere und größere Einrichtungen genügend Veranstaltungen anböten, an denen auch Studierende ohne Berufsorientierung einen Schein erwerben könnten. Zu hoffen sei im übrigen, daß die Mehrheit der Hochschullehrer im Fach nicht auf Soziologie als Einzelwissenschaft festgelegt sei, sondern eher der traditionellen Auffassung von Soziologie als "einer neuen Art von Philosophie" anhänge, mit der man ja auch international Anerkennung erreichen könne. Diese letztere Bemerkung reagierte auf den wiederholten Hinweis auf die "Außenperspektive" des Fachs, wenn international eine Konzeption von Soziologie als Einzelwissenschaft üblich sei (Heckhausen).

Die Außenperspektive gegenüber der Wissenschaftsbürokratie war Gegenstand weiterer Beiträge (Rosenbaum, Vaskovics), die vor allem auf das mit dem Konzept gegebene Legitimationsproblem abstellten. Danach könnten sich für das Fach Schwierigkeiten ergeben, wenn bei Rücknahme der Regelungsdichte die Ministerien entsprechende Prüfungs- und Studienordnungen nicht mehr genehmigten. Dazu käme die Abkehr von dem bisherigen Begründungsmuster bei der Einrichtung von Diplom-, aber auch Magisterstudiengängen: Berufsfeldorientierung, die für die Gesellschaft nützlich sei. Eine Konsequenz könnte sein, daß die Wissenschaftsbürokratie die integrierten Studiengänge, die als "Elemente der Pluralität" sinnvoll seien, in Frage stellten, nachdem von der DGS attestiert worden sei, daß das Hauptfachstudium der Soziologie eigentlich nicht zu einem berufsqualifizierenden Abschluß führe. Mit Blick auf die Wissenschaftsbürokratie müßten die Rahmenbedingungen für eine Realisierung des Konzepts v. Friedeburgs erst noch geschaffen werden.

2. Vielfalt als "Opportunität" - eine Modifikation des Konzepts

In der Entgegnung auf Einwände verdeutlichte v. Friedeburg sein Konzept: Es sei ein Plädoyer nicht für grundlegende Umwälzungen, sondern für "bescheidene Verbesserungen" zugunsten von Studierenden wie von Absolventen. Es ginge darum, aus der gegenwärtigen Lage Schlüsse zu ziehen, die mit einem Minimum an Veränderungen verwirklicht werden könnten. Das Konzept sei weiter ein Plädoyer dafür, die vielen Studierenden mit anderen als wissenschaftlichen und beruflichen Studienmotivationen nicht auszugrenzen, und ein Plädoyer dagegen, jetzt bundesweit im Fach eine Professionalisierungsstrategie zu verfolgen. Das Konzept impliziere den Versuch, verschiedenen Konzepten der Soziologielehre an verschiedenen Orten eine Chance zu geben, wissenschaftlich oder beruflich interessierte begabte Studierende frühzeitig zu fördern, ohne auf den Versuch zu verzichten, auch anders orientierten Studierenden eine gute Ausbildung zu vermitteln.

Im Laufe der Diskussion wurde dieses "Studienkonzept der Vielfalt" in verschiedener Hinsicht ergänzt und modifiziert. Es gab dazu aber keinen Vorschlag, das Problem der "Absorption" der Studierenden durch das Fach über den Ausschluß von nicht-wissenschaftlich oder nicht-beruflich Motivierten zu lösen. Unterschiedlich akzentuiert wurde aber der "Übergangscharakter" der aktuellen Situation des Fachs (Heckhausen, Nave-Herz, Zapf). Unter Hinweis auf die demographische Entwicklung, die rückläufigen Anfängerzahlen und die langen Ausbildungszeiten wurde dafür plädiert, die nächsten zwei Jahrzehnte in die Überlegungen einzubeziehen: Die Vielfalt solle zur Lösung des Absorptionsproblems als "Übergang" "hingenommen" werden.

Verlangt wurde, auf die Vielfalt von Studienmotivationen und Studiengängen "produktiv" zu reagieren. Dazu wurde vorgeschlagen, "Opportunitäten" und "Äquivalenzen" zu schaffen und zu strukturieren (Brusten, Gerhardt,

Heckhausen, Zapf): Im Rahmen des politisch Durchsetzbaren eine Mehrzahl von strukturierten Lehrangeboten zu konzipieren, die von den Studierenden innerhalb unterschiedlicher Zeiten absolviert werden könnten (Zurücknahme der Regelungsdichte), wobei die Standards in den Examina nicht zurückgenommen werden dürften ("Man muß auch durchfallen können".). Der Magisterstudiengang mit seiner großen Flexibilität sei ein ausgezeichnetes Vehikel zur Schaffung von Opportunitäten und Äquivalenzen, vor allem weil er mehrere Disziplinen in nicht-additiver Weise zusammenführe (ebenso wie die integrierten Studiengänge). Es wurde mehrfach betont, daß die Hinnahme der Vielfalt keine Rücknahme des Standardisierungsanspruchs hinsichtlich des Studiums bedeuten müsse und auch nicht bedeuten solle.

Als Voraussetzung der Realisierung dieser "Konzeption der standardisierten Vielfalt" wurde darauf verwiesen, daß es sich nicht um eine Arbeitsteilung zwischen den Ausbildungsorten handeln dürfe: Die einen betrieben Nachwuchssicherung und die anderen bewältigten das Absorptionsproblem. Erforderlich sei vielmehr eine Arbeitsteilung am Ort (Kohli), wenn natürlich auch die verschiedenen Ausbildungsorte ihre je eigene Konzeption entwickeln sollten (Hoffmann-Nowotny). Das verlange aber auch eine Professorenschaft im Fach, die bereit sei, sich ohne Konflikte zu "differenzieren" und die verschiedenen Aufgaben gleich gewissenhaft wahrzunehmen, die sich im Rahmen dieses Studienkonzepts ergäben, und die Identität des Fachs, wie es international verstanden werde, über die Übergangszeit hinweg aufrechterhielte (Heckhausen). Hier setzte ein Bedenken gegen das Konzept an: Ob nicht die "Diffusität der Interessen" der Studierenden auf die Hochschullehrer übergreife und Soziologie als Lehrgestalt und als Forschungsfeld von den sozialen Bewegungen nicht mehr zu unterscheiden sei? Man müsse Obacht geben, daß das, was hier als "Kerngestalt des Faches" erscheine, nicht zunehmend "abdrifte" (Lutz). Dem wurde die bei den Professoren erkennbare Tendenz zur "Flucht in konventionelle Forschung", wie sie sich beim Auslaufen der Studentenbewegung gezeigt habe, entgegengehalten.

3. Standardisierte Vielfalt und was die DGS tun könnte

Als zentrale Frage wurde formuliert, was die Profession angesichts der durch die Massenuniversität bereits im Studium eingetretenen Änderungen akzeptieren könne und wolle, und welche Auswirkungen für das Fach Eingriffe in die Lehre hätten (Lutz).

Auf der bisherigen Linie der Diskussion zu diesem Punkt könne es für die DGS zunächst nur darum gehen, Opportunitäten zu erkunden und ein Konzept für die Übergangszeit zu entwickeln (Heckhausen, Lutz). Die DGS könne weiter als ein Forum der Information fungieren: die Diskussion über Studiumskonzepte fördern; über Studiengänge und ihre Ergebnisse informieren, damit den Studierenden regionale Mobilität erleichtert werde (v. Friedeburg).

Des weiteren könne die DGS als Referenz der Hochschullehrer fungieren, wenn diese ihre Lehre verantwortlich reflektierten, wie auch als ein Forum, auf dem die Lehre einzelner Professoren wie Ausbildungsorte bewertet werde. Und schließlich hätte die DGS die Aufgabe der Legitimation der Lehre und des Lehrpersonals nach außen, wenn die Studentenzahlen später wieder zurückgingen. Die Soziologie habe sich hier die Ministerien und die

Öffentlichkeit verpflichtet, als sie Mitte der 70er Jahre die "Überlast" auf sich genommen habe. (v. Friedeburg)

In diesem Zusammenhang wurde auch in Erwiderung auf die mehrfach vorgenommenen Vergleiche von Soziologie und Psychologie darauf hingewiesen (Heckhausen), daß die Psychologie keine Ausgrenzungsstrategie betrieben habe und bis heute eine Überlast in der Ausbildung trage, daß sie als Profession auch nur unter Mühen zur Geschlossenheit gefunden habe und sich in einer ähnlichen Situation befinde wie die Soziologie.

Überlegungen zur Förderung des wissenschaftlichen Nachwuchses

Hartmut Esser

1. Zur Bedeutsamkeit der Nachwuchsförderung

Über die Bedeutsamkeit und Notwendigkeit einer speziellen Förderung für den wissenschaftlichen Nachwuchs im Fach Soziologie muß wahrscheinlich nicht lange debattiert werden. Drei Aspekte scheinen insbesondere der Erwähnung wert.

Erstens läßt sich kaum verhehlen, daß die enorme Ausweitung des Faches sich in keiner Weise auch in einer auch nur annäherungsweise anteiligen Verbesserung des Qualifikationsniveaus in der nachrückenden "Spitze" niedergeschlagen hat. Diese Stagnation hat vielleicht auch mit der allgemeinen Situation der Soziologie als akademischer Disziplin zu tun, die nach wie vor mehr um ihr Selbstverständnis und damit um ihre eigenen Kriterien ringt als mit den von ihr zu behandelnden substantiellen Problemen. Solange ein Fach ein Großteil seiner Energie darauf verwendet, immer und immer wieder die Grundlagen neu zu diskutieren bzw. alte Lösungen und Fallen unter neuen Namen immer wieder neu zu finden, solange wird sich an dieser Stagnation nichts ändern. Wissenschaftlicher Nachwuchs müßte insbesondere dazu ausgebildet sein, die bereits vorhandenen Lösungen zu den immer wieder neu aufkommenden Debatten kompetent evaluieren zu können.

Dieses ist wohl kaum möglich ohne eine stärkere Anbindung der Ausbildung, der Forschungen sowie der Diskussionen über das Selbstverständnis an internationale Entwicklungen. Es läßt sich derzeit in einigen Teilbereichen der Soziologie eine geradezu stürmische Entwicklung beobachten, die bei der aktuellen Zersplitterung des Fachs nur unvollkommen verfolgt, geschweige denn in die normale Lehre aufgenommen werden kann. Die wissenschaftliche Nachwuchsförderung hätte damit -zweitens- die Funktion, diese Entwicklungen zu verfolgen bzw. dann auch selbst mitzutragen und in die übliche Ausbildung hineinzutransferieren. Schon jetzt lassen sich deutliche Anzeichen einer zunehmenden "Provinzialisierung" erkennen, deren Hauptgrund darin zu liegen scheint, daß in der derzeitigen Situation die Konkurrenz und der Kontakt zum Ausland eher vermieden und stattdessen die paradigmatische Segmentation verstärkt wird. Insofern diese - subjektiv nur zu verständliche - Segmentation in der "normalen" Ausbildung nicht aufgebrochen werden kann, muß auf die Förderung der Fähigkeit und Bereitschaft zur Ent-Segmentierung und zum kompetitiven Austausch besonderer Wert gelegt werden.

Schließlich erscheint eine besondere Förderung des wissenschaftlichen Nachwuchses noch aus einem anderen Grund bedeutsam: So wie es in den siebziger Jahren - so kann man doch sagen - nicht ganz leicht war, all die neu geschaffenen Professorenstellen mit wirklich qualifizierten und fachlich interessierten Bewerbern zu besetzen, so könnte es sich nach Ausscheiden dieser

Kohorte etwa 30 Jahre später und nach zwischenzeitlichem Ausbleiben einer geeigneten Nachwuchsförderung wieder ähnlich begeben, daß es zwar Stellen, aber keine Soziologen gibt (sofern das Fach sich in dem Umfang erhalten läßt). Die Nachwuchsförderung hätte damit weiterhin die Funktion einer gewissen Überbrückung einer demographischen Lücke; dies ist freilich nur dann möglich, wenn gleichzeitig auch Mittel bereitgestellt werden, für den auszubildenden Nachwuchs, der die Lücke füllen soll, gewisse weitergehende Perspektiven (etwa im Rahmen von besonderen Stipendien oder an die Person gebundenen Professuren für diese Übergangszeit) zu bieten.

Ein wichtiger Hintergrund bei diesen Feststellungen ist die Annahme, daß das "normale" Studium aus einer Vielzahl von Gründen eine Höherqualifikation und einen Anschluß an den internationalen Standard nur unter sehr außergewöhnlichen Bedingungen zuläßt, wofür - dies ist gut bekannt - sowohl die extern bedingte Selektivität der Studenten, ihre ebenfalls stark extern bestimmte Motivationslage, der fehlende Grundkonsens des Faches, weniger jedoch wohl das "reine" Angebot verantwortlich ist. G. Hofmann hat anläßlich einer empirischen Untersuchung zur Lage der Methodenausbildung überschlagmäßig festgestellt, daß von den 22.000 Studierenden des Faches Soziologie allenfalls 2 % eine den Standards gemäße Methodenausbildung erhalten (vgl. Soziologie 1/86, S. 50). Wahrscheinlich kann man diese Schätzung auf den Anteil wirklich professionell ausgebildeter "Soziologen" generalisieren. Aus Erfahrungen bei der Neubesetzung von Projektleiterstellen (z.B. bei ZUMA) müßte man diese Schätzung wahrscheinlich noch als allzu optimistisch ansehen, da sie in Absolutzahlen von 440 adäquaten Bewerbern ausgeht, die bei den

Bewerbungsverfahren bei weitem nicht sichtbar werden. Das Fazit lautet in jedem Fall: Ganz offenkundig ist es bei der derzeitigen Form der Ausbildungsorganisation und allgemeinen Situation des Faches nicht möglich, selbst für einen relativ geringen Prozentsatz an Studenten die Voraussetzungen zu einer für Nachwuchspositionen ausreichenden Qualifikation zu schaffen.

2. Rahmenbedingungen der Nachwuchsförderung

Bei den Überlegungen zur Organisation einer gezielten Förderung des wissenschaftlichen Nachwuchses, etwa in Form von Graduiertenkollegs oder Graduiertenkursen, sind zwei Rahmenbedingungen wohl unabweisbar. Zunächst erscheint es kaum möglich, diese Förderung auf breit gestreuter Grundlage zu organisieren. Dies lassen weder die Ressourcen, noch die hierzulande verfügbaren geeigneten Lehrkapazitäten zu. Anzuempfehlen wäre daher eine lokale Konzentration, wenn möglich an bereits bestehenden Schwerpunktsetzungen z.B. im Zusammenhang mit Sonderforschungsbereichen der DFG oder bestimmten bereits existierenden Forschungs- und Infrastruktureinrichtungen der Soziologie.

In jedem Fall muß aber sichergestellt werden, daß sowohl die Konzeption wie die inhaltliche Ausgestaltung und faktische Abwicklung der Nachwuchsförderung sich an einem gewissen integrierenden Rahmen und Selbstverständnis orientiert. Anders gesagt: die unter gewissen Umständen sogar verständliche Liberalisierung des Soziologiebegriffs für die vielfältigsten Zielsetzungen und Grundrichtungen kann für die wissenschaftliche Nachwuchsförderung nur sehr eingeschränkt übernommen werden. Bei der erforderlichen Konzentration bedeutet dies indessen, daß die

"Pluralität" des Faches sich dann allenfalls in der Einrichtung von einigen wenigen Nachwuchsförderungszentren mit unterschiedlicher Ausrichtung ausdrücken könnte.

Dies hätte vielleicht einige nicht unerwünschte Nebeneffekte: In der dann sehr viel sichtbareren Konkurrenz ließen sich die bislang gut erhaltenen Nischen nicht mehr ohne weiteres auf Dauer pflegen; in der Zuspitzung der paradigmatischen Ausprägung, wie sie die Ausgestaltung der Studienelemente mit sich brächte, würden Unterschiede in der Leistungsfähigkeit bei der Lösung bestimmter Fragen transparenter; der insgesamt unbedingt erforderliche Austausch zwischen den Zentren und im internationalen Bereich könnte den bislang so langwierigen und redundanten Prozeß der wechselseitigen Mißverständnisse abkürzen helfen.

Dies bedeutet freilich für eine Einrichtung an einem <u>bestimmten</u> Ort, daß der Pluralität des (Graduierten-)Studiums dort enge Grenzen gesetzt werden. Man möchte sogar noch weitergehen: Es müßte doch möglich sein (wenn das nicht schon im "normalen" Studium geleistet wird), einen gewissen, mit einem <u>bestimmten</u> Soziologieverständnis verbundenen Grundkanon an Kenntnissen allen zu vermitteln, damit langfristig die Voraussetzung zu einer stärker kumulativen Entwicklung des Fachs gegeben ist: eine "gemeinsame Kultur". Diese gemeinsame Kultur umfaßt sowohl kognitive Elemente (wie z.B. die Grundregeln der Beurteilung wissenschaftlicher Theorie, Kenntnisse der wichtigsten theoretischen Richtungen und der wechselseitigen Kritik daran, Regeln der Theoriebildung, Methoden und Techniken der Sozialforschung) wie normative Komponenten der sozialen Kontrolle. Letztere sind weniger wichtig, werden sich aber dann einstellen, wenn über die Vermittlung einer gemeinsamen kognitiven Basis die Voraussetzungen zum wechselseitigen "Verstehen" überhaupt erst gegeben sind.

Hintergrund dieser Vorstellung ist eine Konzeption von Soziologie, die man mit "kontrollierter soziologischer Phantasie" umschreiben könnte und die <u>nicht</u> davon ausgeht, daß das (mühselige) Erlernen eines Kanons gemeinsamer Grundkenntnisse Kreativität und Phantasie abtötet. Die "Kontrolle" der - ansonsten gewiß unabdingbaren und sicher auch nicht leichthin zu erlernenden soziologischen Phantasie - ist vor allem in zweierlei Weise möglich bzw. erforderlich: Kenntnis und Anwendung von Kriterien adäquater Theoriebildung und Kenntnis und Anwendung von Verfahren der empirischen Interpretation und Prüfung der theoretischen Entwürfe. Damit könnte vielleicht verhindert werden, daß wie bisher weiterhin unter "Theorie" bereits ein Sachverhalt verstanden wird, über ein Problem von verschiedenen Perspektiven und mit interessanten Assoziationen zu sprechen bzw. es lediglich terminologisch noch einmal zu benennen; und daß, wie ebenfalls weithin verbreitet, den Beleg für die Geltung der Vermutung in Verweisen auf andere Autoren, illustrierenden Einzelbeispielen und weniger in systematischer empirischer Prüfung zu sehen. Freilich wird von einem solchen Konzept ebenso dringend erhofft, daß die routinehafte "Variablen-Soziologie", die unter "Theorie" ein möglichst kompliziertes (z.B. in der Sprache von LISREL formuliertes) Kausalmodell versteht, ebenfalls als nicht ausreichend angesehen wird.

Die stärkere Beachtung von bislang in der Soziologie noch kaum aufgenommenen Verfahren der Theoriebildung, die in einem relativ breiten Verständnis von "Modellierung" aufgefaßt werden sollte, ergibt sich aus diesen Vorstellungen zwangsläufig.

Ein Hintergrund dieses Konzepts sind ganz zweifellos gewisse subjektive Bewertungen von derzeit zu beobachtenden Defiziten, Sackgassen oder gar Fallen einerseits und dankbaren bzw. bereits sich andeutenden alternativen Wegen andererseits. Diese Bewertungen werden nicht von jedermann geteilt werden (können). Es scheint jedoch wenig aussichtsreich, eine konsensuelle Klärung der Bewertungsunterschiede vorab (oder überhaupt) herzustellen. Anders gesagt: man muß mit einigen durchaus risikoreichen Entscheidungen beginnen. Hintergrund ist freilich auch die Hoffnung, daß sich mit der Umsetzung des Konzepts dann nach und nach die Grundlagen herausbilden, die unter anderem auch die Segmentationen auflösen, die derzeit eine relativ einheitliche Bewertung der Kriterien nahezu ausgeschlossen erscheinen lassen.

3. Ein (organisatorisches) Konzept des Graduiertenstudiums

Auf der Grundlage dieser Überlegungen ergäbe sich als Grundstruktur einer Organisation der Nachwuchsförderung ein Programm des Graduierten-Studiums, das im wesentlichen zwei Abschnitte enthält. In einem ersten Ausbildungsabschnitt wäre die erwähnte kognitive Basis herzustellen bzw. zu erweitern, zu vertiefen und an die jeweils aktuellen Entwicklungen heranzuführen. Dabei wird freilich die Annahme gemacht, daß das "normale" Studium diese Basis entweder nur unzureichend oder zu diversifiziert herstellt. Es handelt sich dabei jedoch nicht um eine Art "Nachbesserung", sondern um die Vermittlung von Grundlagen, die in dieser Kombination entweder nirgendwo oder nur ausnahmsweise angeboten werden.

Zwei Grundelemente wären für diesen Abschnitt essentiell: Die systematische und vergleichende Vermittlung von Theorien in der Soziologie sowie (neuerer) Ansätze zur Theoriebildung einerseits und die Vertiefung und Erweiterung von Kenntnissen in den Methoden der Sozialforschung und Theorieprüfung (einschließlich komplexerer Analyseverfahren und Anwendung von EDV). Ergänzend dazu könnte (sollte) ein an dem jeweiligen lokalen Schwerpunkt orientiertes Programm zu spezielleren inhaltlichen Problemstellungen angeboten werden; wünschenswert wäre freilich auch hier, daß dieses nicht gänzlich unverbunden, sondern möglichst unter einer integrierenden Leitidee (z.B. "Eigendynamik sozialer Prozesse") spezielle Sachverhalte längerfristig und eingebettet in eine gewisse Programmatik angeht.

Der zweite Ausbildungsabschnitt sollte schwerpunktmäßig der Anfertigung der Promotionsarbeit dienen. Das bedeutet, daß in diesem Abschnitt das Hauptaugenmerk auf der eigenen Forschung in einem Spezialgebiet liegt, wobei in aller Regel von der systematischen Nutzung empirischer Daten ausgegangen werden sollte. Seminare und Kolloquien zur Präsentation und vertieften Diskussion der Forschungsarbeiten bilden in diesem Abschnitt die typischen Vermittlungsformen.

Ein nicht ganz bedeutungsloses Problem ergibt sich bei diesem Konzept daraus, daß bei der im ersten Abschnitt angestrebten Breite der zu vermittelnden Inhalte und für bestimmte, sich in rascher Entwicklung befindende speziellere Felder (insbesondere im Bereich statistischer Verfahren und EDV-Anwendungen) ein Austausch der (wenigen) zentral kompetenten Dozenten in die Überlegungen eingeschlossen werden muß. In diesem Zusammenhang sollte auch an die Schaffung von Möglichkeiten gedacht werden, eine Weiterbildung der bereits Qualifizierten einzurichten. Die Anknüpfung dieser Maßnahmen an bestehende Einrichtungen (z.B. Frühjahrsseminar im Zentralarchiv; Arbeitstagungen und workshops zur Weiterbildung bei ZUMA; Abstimmung der Einladung und des Austausches von Gastprofessoren im GESIS-Kontext oder anderer Institute nicht nur am Ort) bietet sich unmittelbar an.

Es kann und soll an dieser Stelle nicht abgestritten werden, daß diese inhaltliche und damit auch die organisatorische Konzeption in bestimmter Weise eine Einschränkung des vielerorts üblichen, allzu pluralistischen Soziologieverständnisses bedeutet: primäres Ziel der Gesellschaftswissenschaften in diesem Verständnis ist die Erklärung sozialer Prozesse; Theorien sind Systeme von Aussagen, die nach logischem Gehalt und empirischer Bewährung evaluierbar sind; Begriffe und Taxonomien sowie Analogien sind unzureichend für das Ziel der Erklärung; Statistik, Methoden der Sozialforschung und EDV sind unentbehrliche, jedoch nur instrumentell zu bewertende Hilfsmittel für das Oberziel: die Überprüfung des Bewährungsgrades von Theorien; Theorien sind nicht lediglich Zusammenhänge von Variablen, sondern Modelle der prozessualen Veränderung unter Einschluß der Benennung eines Mechanismus dieser Veränderung.

Dabei soll durchaus nicht darauf verzichtet werden, die Behandlung der besonderen Problemlage der Soziologie als Disziplin in ihrer Entstehung und in ihrer Vorgehensweise miteinzubeziehen. Allerdings müßte sich dieser Anteil an "Selbstreflexion" mit der Zeit deutlich zugunsten der Vermittlung der genannten kognitiven Grundlagen bzw. neuer, bisher noch kaum aufgenommener Elemente theoretischer Argumentation (z.B. aus dem Bereich der "dynamischen Modellierung") verringern lassen (ähnlich wie die "Geschichte" des Fachs z.B. in den Naturwissenschaften nicht im Zentrum der Ausbildung steht).

Selbstverständlich wären andere Schwerpunkte denkbar und möglich. Es ist aber fraglich, ob sich damit eine Nachwuchsförderung einrichten ließe, die außerhalb des deutschen Sprachraums eine Chance hat, Gehör zu finden, bzw. in ernsthaften Austausch mit den internationalen Entwicklungen zu treten.

Eine letzte Bemerkung noch zum Problem der Umsetzung eines solchen Konzepts. Die Schaffung einer besonderen Förderung des Nachwuchses ist ein typisches Olson-Problem: jeder würde davon profitieren, wenn es sie bereits gäbe; nur unter besonderen Bedingungen kann aber zu den erforderlichen Aktivitäten motiviert werden, so daß die Gefahr, daß nichts geschieht, nicht unbeträchtlich ist. Diese Gefahr ist schon deshalb besonders groß, da neben den üblichen "Transaktionskosten", eine Umsetzung des skizzierten Konzepts schwierige Absprachen und Koordinationen sowie wenigstens punktuell die Neuaufnahme bestimmter inhaltlicher Bereiche voraussetzen. Auch ist nicht sicher, ob von jedermann das mit dem Konzept verbundene Ziel geteilt würde: die Hoffnung auf eine sich kumulativ entwickelnde Wissenschaft von der Gesellschaft.

Allein aber die in den anderen Verträgen deutlich belegte und beklagte Lage des Faches und die bei Untätigkeit wohl zu erwartenden Konsequenzen für die Profession insgesamt und damit auch für viele, die sich heute unbetroffen wähnen, sollten Grund genug zum Nachdenken und - vielleicht dann auch - zum Handeln sein.

Diskussion

Die im Referat dargestellte Konzeption eines Aufbaustudiums löste eine zum Teil kontrovers geführte Diskussion aus, deren Gegenstände die Frage nach den Adressaten und nach der inhaltlichen Ausrichtung, das Verhältnis von Erstausbildung und Aufbaustudium sowie bestimmte Implikationen, wie vor allem die Frage nach der Reputation des Fachs, waren.

1. Aufbaustudium - Adressaten und Konzeption

Nachdem der Referent als Adressaten für einen Aufbaustudiengang eindeutig den wissenschaftlichen Nachwuchs im Auge hatte, wurde in der Diskussion auch auf andere mögliche Interessenten aufmerksam gemacht (Vaskovics): Absolventen von Magister-, von Praxis- wie auch von anderen sozialwissenschaftlichen Studiengängen. Angesichts der "Heterogenität" dieser potentiellen Adressaten seien unterschiedliche "Modelle" für das Aufbaustudium erforderlich.

Dem wurde einmal entgegengehalten (Lutz), daß aus der Perspektive des Fachs derzeit der Aufbaustudiengang für den wissenschaftlichen Nachwuchs vordringlich sei. Er werde durch zwei "Elemente" näher bestimmt: Die Sicherung der personellen Kontinuität des Fachs und die Überwindung der "Defizite" der Erstausbildung.

Zum andern wurde darauf verwiesen (Daheim), daß die DGS Aufbaustudiengänge mit dem Ziel, die Praxistauglichkeit der Absolventen zu fördern, dem Berufsverband überlassen könne.

Hinsichtlich der Defizitbestimmung im Referat wurde in zwei Beiträgen (v. Friedeburg, Rosenbaum) Widerspruch dagegen erhoben, daß die bei den Bewerbern für eine Stelle bei ZUMA festgestellten Qualifikationsdefizite der Soziologie der Bundesrepublik insgesamt angelastet würden und diese dementsprechend zu reformieren sei. Im Sinne der Konzeption der Vielfalt wurde darauf verwiesen, daß es an den verschiedenen Instituten unterschiedliche Konzeptionen von soziologischer Arbeit gebe und die einzelnen Einrichtungen schon selbst so ausbilden müßten, daß sie den Nachwuchs mit den von ihnen bevorzugten Fertigkeiten rekrutieren könnten. Ausdrücklich wurde die Verbesserung einer Ausbildung im Sinne der empirisch-theoretischen Konzeption des Referenten begrüßt und ebenso ausdrücklich der Anspruch, daß der gesamte wissenschaftliche Nachwuchs diese Qualifikation erwerben müsse, zurückgewiesen.

In der Erwiderung wurde konzidiert, daß die vorgetragene Konzeption des Graduiertenstudiums nicht die einzig mögliche sei; der Anspruch aber, daß sie ein wesentliches Element des Aufbaustudiums für den gesamten wissenschaftlichen Nachwuchs sein müsse, könne nicht zurückgenommen werden: Einmal könne es sich das Fach nicht leisten, "viele unterschiedliche Ausbildungen" gleichzeitig zu betreiben. Zum andern könnten "Glaubenskriege" im Fach nur verhindert werden, wenn der gesamte wissenschaftliche Nachwuchs umfassend qualifiziert sei, wozu auch gehöre, daß Defizite in der Qualifikation zu empirisch-theoretischer Arbeit aus der Erstausbildung beseitigt würden. (Esser)

Die Ausbildungskonzeption des Referats akzeptierend, machte ein Beitrag (Büschges) darauf aufmerksam, daß sich die Probleme des Fachs z.T. daraus ergäben, daß Entwicklungen in anderen Fächern nicht aufgenommen worden seien. Daher könne auch das Konzept nicht allein durch die Soziologen realisiert werden: "Gezielte Interdisziplinarität" sei erforderlich. So müsse man etwa bei der Rezeption neuer Analyseverfahren im Aufbaustudium mit Mathematikern kooperieren, bei der Einarbeitung in die Instrumententheorie mit Psychologen.

2. Zum Verhältnis von Erstausbildung und Aufbaustudium

In der Einleitung zur Diskussion wurde dem Referenten vorgehalten, daß er ein umfassendes Konzept für die Erstausbildung und die permanente Weiterbildung skizziert, aber die Differenz von Aufbaustudium und "gut strukturiertem Diplomstudiengang" nicht festgehalten habe. Im Grunde solle der Aufbaustudiengang danach einige zentrale Qualifikationselemente nach Abschluß der Erstausbildung in der Beteiligung an Forschungsprojekten "wiederholen". (Lutz)

Demgegenüber wurde auf die Schwierigkeiten einer deutlichen Trennung von Erstausbildung und Aufbaustudium verwiesen (Esser): Wegen des breiten Spektrums der Qualifikationsanforderungen sei es kaum möglich, die Elemente zu bestimmen, die im Grund-, Haupt- oder Aufbaustudium zu vermitteln seien. Feststellbar sei ein "Sammelsurium an Defiziten" in der Erstausbildung. Es wurde auf das niederländische Doktorandenstudium verwiesen, das genau die Überwindung dieser Defizite und die Vermittlung neuerer Entwicklungen im Bereich von Methoden und Theorie zum Ziel habe. Weiter wurde auf die Diskussion in der Methoden-Sektion Bezug genommen, wonach es keinen Zweifel daran geben könne, daß der "souveräne Umgang im Kombinieren von Theorie und Methoden" erst nach Abschluß der Erstausbildung durch Mitarbeit in Forschungsprojekten gelernt werde.

Von einer deutlichen Unterscheidung zwischen Erstausbildung und Aufbaustudium ausgehend, warnte ein, zugespitzt formulierter, Beitrag (Gerhardt) davor, die Bemühungen um Ausbildungsverbesserung im Fach einseitig auf das Aufbaustudium zu konzentrieren: Das könne dazu führen, daß sich die Defizite im Diplomstudiengang vergrößerten, was einmal der Reputation des Fachs schade und zum andern längerfristig auch die Bedingungen eines erfolgreichen Aufbaustudiums unterminieren müßte.

Dazu wurde zunächst bemerkt (Lutz), daß das Fach nicht vor der Entscheidung stehe, nur das Aufbaustudium oder nur die Verbesserung der Erstausbildung durchzuführen. Ein spezialisierter Aufbaustudiengang an vier oder fünf Universitäten könne nicht "sämtliche Kapazitäten und Potentiale, über die die deutsche Soziologie zur Verbesserung ihrer Lehre verfügt, auf Dauer blockieren". Im Gegenteil werde das Aufbaustudium positiv auf die Erstausbildung zurückwirken: Zum einen durch einen "Konkurrenzeffekt", nämlich durch die Organisation eines Wettbewerbs von Soziologen "verschiedener Provenienz" bei der Rekrutierung der Teilnehmer, und zum andern durch einen "Entlastungseffekt", insofern der in diesem Studium qualifizierte Nachwuchs wieder in Lehr- und/oder Forschungsstellen an den verschiedenen

Universitäten zurückkehre.

3. Die Reputation des Fachs - ein spezielles Problem

Auf die Bemerkung, daß schlecht ausgebildete Absolventen des Erststudiums der Reputation des Fachs schadeten (Gerhardt), reagierten eine Reihe von Diskussionsbeiträgen. Eine zugespitzt formulierte Antwort (Esser) stellte darauf ab, daß für die Außengeltung des Fachs nur die "kritische Masse der hochqualifizierten Soziologen" zähle, die dann auch "in den Medien präsent" seien. Andere Beiträge (Rosenbaum, Zapf) gingen davon aus, daß die Reputation derzeit so schlecht nicht sei, und betonten, daß sie "fachlich" zu diskutieren sei: Man solle sich keine Reputationsprobleme einreden; Reputation sei nicht planbar, wohl aber "Kompetenzförderung". Weitere Beiträge (Lutz, Zapf) machten geltend, daß die Reputation eines Faches weniger von seinen Studenten und deren Arbeitsmarktsituation abhänge als von der Qualität der Forschungsarbeit, mit der das Fach an die Öffentlichkeit trete.

Soziologie als Nebenfach

Günter Endruweit

Nachdem vor über zwanzig Jahren die mehr von utopischen Erwartungen in zukünftige Erträge als von empirischen Erhebungen über die Mühsal sozialwissenschaftlicher Erkenntnisgewinnung getragene Bildungseuphorie der Soziologie eine große Anzahl an Hauptfachstudiengängen beschert hatte, wurde die Soziologie auch als Nebenfach eine häufig vorgesehene Ergänzung anderer Hauptfächer. Dieser Nachklapp spiegelt sich sogar in Prüfungs- und Studienordnungen wieder. Während über die Ziele des Studiums, manchmal gar über das "Wesen" der Soziologie, in den Bedingungen über das Hauptfachstudium sehr Gründliches gesagt wird, ist es geradezu eine Regel, daß für das Nebenfachstudium beinahe nur im Anhang lediglich eine Inhaltsangabe geliefert wird, die fast ausnahmslos eine Verdünnung des Hauptfachmenüs ist[1)].

So verständlich das von der augenblicklichen Lehrsituation an den Universitäten her ist, so nachteilig scheint es mir von der Effektivität und der Effizienz des Studiums her zu sein. Der Begründung dieser Meinung sollen die folgenden Überlegungen dienen.

1. Studienmotivation, Fächerwahl und Curriculumgestaltung

Effektivität und Effizienz des Studiums hängen sowohl von der Studienmotivation der Studenten wie auch vom Lehrangebot ab. Wenn wir als Sozialwissenschaftler uns nicht selbst desavouieren wollen, werden wir bei der Planung der Lehre stets vor einer Entscheidungsfrage stehen: Nehmen wir die Studenten so wie sie sind und passen wir unser Lehrangebot ihren Wünschen an, um eine Kohorte möglichst ohne Verluste vom Studienbeginn bis zur Prüfung zu bringen, oder gestalten wir den Lehrplan und die -praxis nach unserem Bild von Soziologie ohne Rücksicht auf Erwartungen und Fähigkeiten der Hörer, solchermaßen eventuell hohe Menschenverluste auf dem langen Marsch durch die Semester in Kauf nehmend?

a. Studienmotivation für das Hauptfach. Wollten wir im Hauptfachstudium auf die Studienmotivation Rücksicht nehmen, so sind verschiedene Grundmuster denkbar, wenn wir uns einmal "reine Typen" im Sinne Max Webers vorstellen.

Da haben wir zuerst den Studiosus bzw. die Studiosa, welcher bzw. welche uns Wissenschaftlern wohl der bzw. die liebste sein mag. Sie interessieren sich für die Wissenschaft als solche und fragen nicht schon im ersten Semester danach, in welche Besoldungsgruppe sie nach dem Examen kommen können. Oft studieren sie gar ihr Fach mit höchstem Eifer im vollen Bewußtsein, damit nachher kaum ihr Brot verdienen zu können. Unter den Philosophiestudenten sind manche Prototypen dieser Spezies zu finden. Für sie ist ihre Wissenschaft die Göttin, die sie verehren.

Dann gibt es andere, die wollen mit ihrer Wissenschaft nur Geld verdienen. Sie spulen brav die Pflichtveranstaltungen ab, aber ja nichts daneben; die Examensarbeit ist und bleibt ihre einzige halbwegs wissenschaftliche Lebensäußerung. Da auch viele Koryphäen ihres Faches genauso wie Jacob Burckhardt, im Gegensatz zu diesem aber mit vollem Recht, behaupten können, sie hätten nie im Leben einen philosophischen Gedanken gehabt, können auch diese Adepten des Fachs jede wissenschaftstheoretische Überlegung mit der unübertrefflichen Souveränität des Ignoranten ablehnen, und die akademische Lehre ist mehr Wissensvermittlung als Denkschule. Man hat mir gesagt, in manchen ingenieurwissenschaftlichen und medizinischen Fakultäten gebe es einige von diesen Studenten, für die ihre Wissenschaft die Kuh ist, die sie melken wollen.

Wo zwischen diesen Extrempunkten eines Kontinuums der Studienmotivation stehen nun die angehenden Soziologen? Wenn ich einmal von mir bekannten Einzelfällen auf die gesamte Soziologie schließe, also von Fallstudien über Elemente auf die Systemebene hochrechne[2)], so müßte ich vermuten, daß unsere Studierenden mit ihrer Motivation im 1. und 3. Quartil liegen, daß wir also unter disziplinärer Schizophrenie leiden, jedenfalls auf der Nachwuchsebene.

Zuerst hätten wir dort diejenigen, die zuvörderst nur erkennen wollen, was, wenn nicht die Welt, so doch die Gesellschaft im Innersten zusammenhält (sofern ihnen nur der Strukturfunktionalismus bekanntgemacht wurde) oder diejenigen, die nur wissen wollen, wie man die Gesellschaft ändern könnte (sofern ihnen niemand beigebracht hat, daß Konflikttheorie und Marxsche Gedanken für uns nur Instrumente sind und keine Ideologien). Sie merken spätestens dann, wenn Eltern, Frau, Freundin oder Ausbildungsförderungsamt drohen, die Subventionen einzustellen, daß sie nun statt der Gesellschaft erst einmal sich selbst zusammenzuhalten bzw. zu ändern haben. Auf dem Arbeitsmarkt stellen sie dann aber fest, daß ihre subtile Kenntnis der Tertiär- und Quartärliteratur ihrer Lieblingstheorie nicht verkäuflich ist, und retten sich in den Hochmut des verkannten Genies. Für sie ist ihre Wissenschaft dann die Göttin, die sie melken möchten.

Andere streben von vornherein eine bestimmte Position in der Zeitung, in der Personalabteilung einer Firma oder im Stadtentwicklungsamt an. Brav lernen sie dann auch Kommunikations-, Arbeits- oder Gemeindesoziologie. Und bei der Bewerbung finden sie, daß ihnen der Absolvent einer Journalistenschule mit historischem Begleitstudium, der Betriebswirt mit der Spezialisierung in Personalwirtschaftslehre oder der Diplom-Geograph mit einer Examensarbeit in Stadtplanung vorgezogen wird. Ihr Selbstbewußtsein können sie dann erhalten, indem sie ihre Ausbildung für die "eigentlich" bessere halten und ihre Wissenschaft damit als Kuh ansehen, die sie anbeten.

Beide sind in einer prekären Lage. Denn die physiologischen Forschungen über die Milchleistung im spatium lactationis divinum stecken noch nicht einmal in den Kinderschuhen, und die auditive Minderbegabung des Rindviehs wirkt sich selbstverständlich auch nachteilig auf das Erhören von Gebeten aus.

In dieser Situation von Studienmotivation gibt es für die Soziologie im Hinblick auf das Hauptfachstudium nur eines: man richtet sich strikt am wissenschaftsimmanenten Fachprofil aus und kümmert sich um die mehr oder weniger zufälligen Verwendungsabsichten der Nachfrager relativ wenig. Fachangemessene und damit im Konfliktfall auch eher geringere Anwendung der Soziologie ist ihrer Anerkennung weniger schädlich als ein breitgestreutes Herumsoziologisieren, das nicht mehr mit methodischer Seriosität betrieben werden kann.

b. Studienmotivation für das Nebenfach. Wie ist nun die Situation im Nebenfach? Nach meiner Ansicht muß sie sich vom Hauptfach unterscheiden. Denn im Nebenfachstudium müssen wir von vornherein Soziologie für Studenten lehren, die nie Soziologen werden wollen, wie immer auch die Soziologen ihr Fachprofil zeichnen mögen.

Vor ähnlichen Schwierigkeiten sieht sich der éleveur, der seine Tiere zur Delikatesse der paté de gras verarbeiten möchte. Er löst sein Problem, indem er seine Gänse so lange würgt, bis sie die nahrhafte Nudel notgedrungen schlucken. Die Methoden des éleveur verbieten sich für uns nicht nur deswegen, weil wir Zweifel hegen müssen, ob Soziologie eine Delikatesse für die Menschheit sei, sondern auch, weil unsere élèves keine Gänse sind, vielmehr ...[2a].

Wenn Soziologie Nebenfach zu einem anderen Hauptfach ist, bestimmt ihre Verwendbarkeit im Rahmen des Hauptfaches ihren Nutzen als akademisches Lehrfach. Im Gegensatz zum Hauptfachstudium muß hier also die Studienmotivation ein wichtiger Gesichtspunkt, wenn nicht gar der wichtigste, bei der Gestaltung des Lehrangebots sein. Das gilt nicht für diejenigen, die nur ein leichtes Nebenfach suchen, das man ohne großen Aufwand einfach abhaken kann. Sie wollen eigentlich gar nichts studieren, sondern nur die notwendigen Zuschlagkarten für die Weiterfahrt zum Examen im Hauptfach erwerben - im günstigen Falle. Bei ihnen ist, da eher die privilegierenden Umstände des § 217 StGB zutreffen, Hinausprüfen keineswegs akademischer Totschlag (§ 212 StGB), und darum ist curriculare Mißachtung auch keine pädagogische Kindesvernachlässigung (§ 170d StGB) oder Mißhandlung Abhängiger (§ 223b StGB)[3].

Die Studienmotivation ist aber überall dort wichtig, wo eine echte Nebenfachsuche die Absicht ist, nämlich wo es um eine funktionale Ergänzung des Hauptfaches geht. Hier ist die Soziologie gefordert zu beweisen, daß sie nicht nur zur Selbstrekrutierung fähig ist, die immer noch ein legitimer Zweck des Hauptfachstudiums wäre. Könnte sie aber nicht mehr als nur Selbstrekrutierung bieten, wäre ihre soziale Existenzberechtigung zu verneinen, weil sie nicht mehr könnte als an öffentlichen Haushalten zu schmarotzen. Was sie stattdessen zur Bewältigung von Alltagsproblemen beitragen und damit als soziale Legitimation vorweisen kann, könnte sie in einem Hauptfachstudiengang, muß sie aber in einem Nebenfachstudiengang zeigen.

2. Struktur eines Nebenfachstudienganges

Wie nun das Nebenfachstudium aufgebaut sein sollte, läßt sich projektiv vielfältig und allein damit wenig trefflich überlegen. Hier soll stattdessen ein Studiengang beschrieben werden[4] ; im nächsten Abschnitt wäre dann zu prüfen, ob das so wohl optimal ist.

a. Randbedingungen des Studienganges. An der Universität

Stuttgart kann Soziologie nicht als Hauptfach studiert werden. Der Nebenfachstudiengang im Magisterstudium konnte insofern "eigenständig" geplant werden, also nicht nur als eine Auswahl aus den für Hauptfachstudenten vorgesehenen Lehrveranstaltungen.

Dafür ergeben sich aber Restriktionen aus den Anforderungen anderer Studiengänge an die Soziologie. Für alle Studierenden der Politikwissenschaft und der Pädagogik sind die Pflichtveranstaltungen in Statistik und Forschungstechniken durchzuführen. Im Studium der Geographie und der Berufspädagogik ist Soziologie ein mögliches Nebenfach, in dem bestimmte Leistungsnachweise erworben werden müssen. Schließlich sind noch einzelne Lehrveranstaltungen für Architekten, Städteplaner, Betriebswirte, Maschinenbauer und Elektrotechniker anzubieten. Der Beitrag zum englischsprachigen Aufbaustudiengang "Infrastructure Planning" läuft dagegen nichtintegriert neben dem allgemeinen Studienangebot.

Als Hauptfach studieren die meisten Soziologiestudenten Politikwissenschaft. Kleinere Gruppen von wachsender Größe studieren auch Geschichte, Kunstgeschichte, Sprachen, Geographie, Philosophie, Pädagogik oder Literaturwissenschaft im Hauptfach. Diese Fächer sowie Volks- oder Betriebswirtschaftslehre sind auch die weiteren Nebenfächer.

b. Struktur des Studienganges. Aus den Anforderungen dieser anderen Studiengänge und dem, was wir Soziologen als "essentials" unseres Faches ansehen, war also das Veranstaltungsangebot aufzubauen. Beim Festlegen des bonum commune der Soziologie waren, nachdem noch vor gut zehn Jahren kaum Übereinstimmungen zwischen den

Studienorten festzustellen waren[5], die neueren Entwicklungen in der Studienplangestaltung sehr hilfreich. Die neu erlassenen Studienpläne und Prüfungsordnungen haben sich relativ weitgehend an die Empfehlungen der DGS[6] gehalten, die auch für die hier beschriebene Planung Pate gestanden haben.

Zunächst zur Soziologie als Nebenfach im Magisterstudium. Für diesen Zentralbereich des Soziologiestudiums wird im Studienplan als Inhalt und Ziel ausgegeben: "Als empirisch ausgerichtete Sozialwissenschaft befaßt sich die Soziologie mit der wissenschaftlichen Untersuchung von Gesellschaften, der sie konstituierenden und der durch sie konstituierten sozialen Phänomene. Im Gegensatz zu einem Hauptfachstudium kann das Beifachstudium keine volle Soziologenqualifikation ermöglichen. Ziel des Beifachstudiums ist daher die Vermittlung der grundlegenden theoretischen und methodischen Kenntnisse und Fähigkeiten, die in beschränktem Umfang eine selbständige wissenschaftliche Arbeit in Kernbereichen der Soziologie ermöglichen, sowie die Vermittlung der Fähigkeit, bei Bedarf selbständig weitere Kenntnisse und Fähigkeiten auf dem Gebiet der Soziologie zu erarbeiten"[7].

In die Wirklichkeit des Studienalltags wird das dadurch übersetzt, daß das Grundstudium der ersten vier Semester der "soziologischen Allgemeinbildung" dient, während im Hauptstudium der zweiten vier Semester die Konzentration auf zwei von vier wählbaren speziellen Soziologien die engere Verbindung zwischen Soziologie und Hauptfachstudium ermöglichen soll.

Im Grundstudium soll die theoretische und die empirische Seite der Soziologie möglichst gleichgewichtig vermittelt werden. Als Pflichtveranstaltungen sind "Statistik", "Methoden der empirischen Sozialforschung I" und "Moderne Theorien der allgemeinen Soziologie" vorgeschrieben. Empfohlen werden "Einführung in die Soziologie" (eine Veranstaltung, in der soziologisches Denken anhand von klassischen Untersuchungen dargestellt wird und in der weiterhin Grundbegriffe der Soziologie behandelt und Soziologie und Soziologiestudium vorgestellt werden), "Sozialkunde der BRD und der DDR", "Wissenschaftstheorie", "Geschichte der Soziologie" und "Methoden der empirischen Sozialforschung II".

Das Hauptstudium soll sich vor allem auf zwei spezielle Soziologien erstrecken und daneben die allgemeine Soziologie und/oder Methoden vertiefen. Als Wahlmöglichkeiten für spezielle Soziologien werden Entwicklungs-, Gemeinde-, Industrie- und Organisationssoziologie angeboten. Zwei der drei Pflichtscheine des Hauptstudiums müssen aus den beiden Spezialisierungsbereichen stammen, der dritte soll aus der allgemeinen Soziologie oder der Methodenlehre kommen.

Nun zur Soziologie als Nebenfach im Geographiestudium. Hier sollen nicht alle Arten der Soziologielehre für andere Studiengänge beschrieben werden. Die schlichten Lehrleistungsexporte zählen ohnehin nicht dazu, weil sie kein Nebenfachcurriculum begründen, sondern nur eine Zweckmäßigkeitsentscheidung bei der fachlichen Zuordnung der von mehreren Disziplinen nachgefragten Veranstaltungen (etwa Statistik für Sozialwissenschaftler) sind.

Als Beispiel für eine echtes Nebenfach soll hier Soziologie im Geographiestudium erwähnt werden. Es handelt sich um einen Diplomstudiengang, in dem Soziologie als Wahlpflichtfach entweder in der Diplomvor- oder -hauptprüfung gewählt werden kann (neben anderen Wahlpflichtfächern). Sie wird zumeist von solchen Studierenden gewählt, die ihr späteres Berufsziel in der Stadt-, Regional- oder Landesplanung sehen.

Das Curriculum für sie sieht als Pflichtleistungen den Erwerb von Leistungsnachweisen in "Methoden der empirischen Sozialforschung I", "Moderne Theorien der allgemeinen Soziologie" und in einer Einführung in diejenige spezielle Soziologie, die als Schwerpunkt gewählt wurde, sowie in einer weiteren Lehrveranstaltung zu dieser speziellen Soziologie oder zur allgemeinen Soziologie vor. Als Schwerpunkte werden Gemeinde- und Entwicklungssoziologie angeboten.

Innerhalb des viersemestrigen Studiums sind also vier Pflichtscheine zu erwerben. Dazu muß, um ein ordnungsgemäßes Studium zu gewährleisten, noch einmal die gleiche Anzahl von Lehrveranstaltungsstunden nach freier Wahl besucht werden.

3. Probleme dieses Studienganges

Sehen wir uns nun einmal das bisher deskriptiv Mitgeteilte kritisch an.

a. Wenn wir das Curriculum für Soziologie im Magisterstudium betrachten, ist dagegen - so scheint mir - nichts Negatives zu sagen, weil es weitgehend den Empfehlungen der DGS entspricht. Ich sage das nicht nur deswegen, weil ich einen kindlichen Glauben in die höhere Weisheit von Gremienentscheidungen, dazu noch unserer Profession, bewahrt habe, sondern auch deshalb, weil ich seinerzeit im Ausschuß für Lehre die Entwürfe für diese Empfehlungen angefertigt habe. Aber die inhaltliche Ausgewogenheit und die geschmackliche Abgerundetheit der, wenn auch als Beifach diätetischen, Soziologieernährung läßt sich nur konstatieren, wenn wir wieder, wie bei einem Hauptfach, an "Soziologie als solche" denken. Wir waren aber beim Nebenfachstudium davon ausgegangen, daß Soziologie ihre Qualität nur als Ergänzung des Hauptfaches erweisen könne. In § 2 I des Studienplanes heißt es demzufolge auch: "Da Soziologie eines von drei Studienfächern im Magisterstudiengang ist, soll sie eine im Hinblick auf die anderen Studienfächer sinnvolle soziologische Vervollständigung des Gesamtstudiums sein." In Absatz 2 heißt es weiter: "Soziologie wird an der Universität Stuttgart als empirisch orientierte Sozialwissenschaft gelehrt. Das Studium der Soziologie sollte deshalb nur dann aufgenommen werden, wenn empirisch-sozialwissenschaftliche Kenntnisse und Fähigkeiten eine sinnvolle Ergänzung zur wissenschaftlichen Ausrichtung der übrigen Studienfächer sind."

Das kann bei Studierenden mit Politikwissenschaft als Hauptfach unproblematisch sein, wenn die Politologie als empirische Sozialwissenschaft betrieben wird. Ist sie jedoch historisch, institutionenkundlich oder ideengeschichtlich ausgerichtet, ist ihre Kombination mit einer empirischen Soziologie schon fragwürdiger. Statt einer "sinnvollen Ergänzung" kommt dann leicht ein weniger sinnvoller Gegensatz heraus.

Die Probleme für die Sinnhaftigkeit von Fächerkombinationen sehe ich weniger im Gegenstand der Disziplinen; irgendwo haben fast alle Fächer des Magisterstudiums mit der Gesellschaft, einzelnen Aspekten oder einzelnen Äußerungsformen davon zu tun. Die Schwierigkeit liegt vielmehr in den Methoden und ihren Unterschieden. Allerdings gehe ich dabei davon aus, daß die Universität eine Denkschule und keine Lernschule ist, daß sie deshalb auf wissenschaftliche Methodik mehr Wert legen muß als auf systematisches Faktenlernen, weil nur sie so etwas tun kann, während wir für das andere auch andere Institutionen haben, nicht zuletzt die glücklicherweise neuerdings gut ausgebauten Fachhochschulen.

Erinnern wir uns nur einen Moment an das Durchschnittsniveau der Absolventen unserer Hauptfachstudiengänge, dann wird die sehr traurige Lage eines Nebenfaches mit eigener Methodik deutlich. Wenn es so schwer ist, einen Diplom-Soziologen zu einem echten Sozialwissenschaftler zu machen, der unter Methodologie nicht nur so etwas wie die Unterscheidung von teilnehmender und nichtteilnehmender Beobachtung versteht, dann muß es als Ausnahme erscheinen, wenn ein Hauptfachhistoriker mit dem Nebenfach Soziologie auch zu einem empirischen Sozialwissenschaftler wird. Normalerweise ist das kaum zu schaffen.

Falsch wäre es aber, deswegen Soziologie als Nebenfach nur in Kombination mit methodologisch verschwisterten Fächern zuzulassen. Das Magisterstudium ist gerade für diejenigen gedacht, die sich ihr Menü nach eigenen Wünschen zusammenstellen wollen und deshalb mit der Einheitsverpflegung vieler Diplomstudiengänge nicht auskommen. Dafür ein Beispiel aus meiner eigenen Erfahrung. Eine Studentin studierte Allgemeine vergleichende Literaturwissenschaft im Haupt- und historische Verhaltensforschung im Nebenfach; zudem war sie an einer

Nachbaruniversität als Gasthörerin für afrikanische Sprachen immatrikuliert. Als sie Soziologie als weiteres Nebenfach beginnen wollte, sagte sie zur Begründung ihrer ungewöhnlichen Kombination, sie wolle später in Afrika Märchen- und Mythenforschung betreiben. Sie machte übrigens in allen Fächern glänzende Examina.

Nebenfach- und Hauptfachkombinationen sollte man also nicht nach bürokratisch erfaßbaren Kriterien vorsehen. Vielmehr gilt für das Nebenfachstudium genauso wie für das Hauptfachstudium: Man sollte nur Soziologie studieren, wenn man zu den Leuten gehört, "die ein unstillbares, grenzenloses, schamloses Interesse für alles haben, was Menschen tun"[8]. Wenn ich seit Jahren in der Einführung in die Gemeindesoziologie zu fragen pflege, welche Aufgaben eine Gemeinde denn beispielsweise habe, dann will ich nicht wissen, ob die Studenten die einschlägigen Paragraphen der Gemeindeordnung ihres Bundeslandes aufsagen können. Ich möchte nur wissen, ob sie mit wachen Augen durch ihren Wohnort gegangen sind, dort Schilder wie "Stadt X, Hochbauamt", "Gemeinde Y, Sozialamt", "Stadt Z, Einwohnermeldeamt" gesehen und sich dabei etwas gedacht haben. Unter diesem Gesichtspunkt gehört mindestens die Hälfte unserer Studenten jedenfalls nicht zu uns.

b. Soziologie als Nebenfach in anderen Studiengängen: Die angehenden Geographen, Berufspädagogen und alle die anderen, die Soziologie als Wahlpflichtfach wählen, wählen, bei uns jedenfalls, einen Ausschnitt aus dem allgemeinen Veranstaltungsangebot, bei dem zwar die Kombination der einzelnen Veranstaltungen möglichst auf ihre Hauptfachbedürfnisse abgestimmt ist, nicht aber die einzelne Veranstaltung selbst. Vielmehr sitzen alle ohne Rücksicht auf ihre Studienrichtung in derselben Vorlesung oder Übung. So muß sich in der Sozialkundeübung nicht nur der Soziologie- und Politologiestudent einen Vergleich von Bundeswehr und Nationaler Volksarmee anhören, sondern auch der Geographiekandidat. Während Berufspädagogen sicherlich genauso wie Soziologen in der Einführungsveranstaltung Gewinn aus einer eingehenderen Behandlung der Sozialisation ziehen können, kann das denjenigen kaum interessieren, der Stadtplaner werden will. Eine "Einführung in die Soziologie für Betriebswirte" oder eine "Sozialkunde für Geographen" gibt es nicht. Das ist der wichtigste Grund dafür, daß der Nutzen der Soziologie überhaupt nicht höher eingeschätzt wird. Umgekehrt sind begeisterte Nebenfachstudenten eine Quelle der Reputation bei den Kollegen der anderen Fächer. Die Qualität der Nebenfachlehre ist eines der stärksten Argumente bei den Haushaltsentscheidungen in den Universitätsgremien.

4. Nebenfachlehre und die Zukunft der Soziologie

Lassen Sie mich daher zum Abschluß eine provozierende These aufstellen: Die Zukunft der Soziologie als akademisches Lehrfach wird von ihren Erfolgen in der Nebenfachlehre abhängen. Die folgenden Gesichtspunkte mögen als Begründungen dienen.

Es ist anzunehmen, daß die Zahl der Hauptfachstudierenden zurückgehen wird. Das ist zu begrüßen. Ich meine das nicht wegen der Arbeitsmarktsituation; dort ist, wie auf jedem Markt, ein Überangebot stets besser als ein Nachfrageüberschuß, wenn es um Qualität geht. Günstig ist es vor allem deswegen, weil jetzt hoffentlich besonders diejenigen vom Studium der Soziologie abgehalten werden, die sie studiert hätten, weil sie für anderes noch weniger Interessen und/oder Fähigkeiten haben; von denen hatten wir bisher zu viele Studenten. Die Soziologie wird ihre bestehenden Lehrkapazitäten - und damit den größten Teil ihrer Forschungskapazitäten - nur dann behalten können, wenn sie sich im Nebenfachangebot nützlich zu machen versteht.

Genau das ist aber die soziale Chance der Soziologie als Wissenschaft. In den Zeiten des Überflusses können Unterstützungsforderungen nach dem Gießkannenprinzip oder nach Lautstärke der Hilferufe befriedigt werden; in Normalzeiten entscheidet eher der soziale Nutzen des Antragstellers. Wie der bestimmt wird, ist zwar problematisch; entscheidend ist aber, daß die Selbsteinschätzung des Antragstellers allein nicht ausreicht. Die Fremdeinschätzung der Soziologie kann durch Leistungen im Nebenfachstudium aber besser beeinflußt werden als durch Aktivitäten in der Hauptfachlehre. Denn im Hauptfach ist die intradisziplinäre Nabelschau zu einem gewissen Grade notwendig und zu einem höheren Grade als Verführung gegenwärtig. Genau das hat im günstigen Falle wenig Auswirkung nach außen und im ungünstigen Falle negative Imagekonsequenzen.

In der Nebenfachlehre kann die Soziologie dagegen beweisen, was sie zur Lösung von Problemen beitragen kann, die sie nicht zu eben diesem Zwecke gerade selbst gemacht hatte, sondern die von anderen als solche angesehen werden und nicht zuletzt deswegen als Probleme der Gesellschaft anerkannt sind. Dazu ein Beispiel: Ein Stadtplaner hatte den Auftrag zum Entwurf einer Satellitenstadt erhalten, in der entsprechend den verschiedenen Subventionstöpfen Wohnmöglichkeiten für allerlei Bevölkerungsgruppen vorgesehen sein sollten, also für Behinderte, für Kinderreiche, Landesbedienstete, Alte, Alleinerziehende, Ausländer und Spätaussiedler; der Stadtrat wünschte aber, daß die Planung von vorneherein soziale Spannungen und Konflikte zwischen diesen Gruppen minimiere oder gar ausschließe. Die Frage des Stadtplaners an den Soziologen: Soll man zu diesem Zwecke die Gruppen segregieren oder mischen und zwar, falls man sie mischen soll, horizontal oder vertikal? Die Frage war vom Stadtplaner in dieser Weise legitim formuliert; denn andere Mittel zur Problemlösung hat er nicht. Sie war auch legitim an den Soziologen gerichtet, denn wer sonst käme dafür in Frage? Eine dreiwöchige Suche nach soziologischem Wissen dazu war ergebnislos[9)]; es wurde keine validierte Theorie dazu gefunden.

Manchem Soziologen mag diese Frage trivial erscheinen. Für die Gesellschaft, die ihn am Ende aber bezahlen soll, ist sie berechtigterweise unendlich viel wichtiger als das Problem, ob das Konzept der basalen Selbstreflexivität von sozialen Systemen methodologisch als Tautologie anzusehen sei.

Mit solchen Fragen an die soziologische Forschung ist die Soziologie wieder als Hauptfach gefragt. Der akademische Hauptfachstatus ist das Mistbeet einer Disziplin. Denn Forschung ist stets Hauptfacharbeit und kann nicht wie die Nebenfachlehre notfalls irgendwelchen lehrbeauftragten Practici oder jungen Assistenten überlassen werden. Je effizienter die Nebenfachlehre der Soziologie sein soll, desto höher werden die Ansprüche an die soziologische Forschung. Das schöne Wortspiel, je forscher die Lehre, desto leerer die Forschung, gilt gerade nicht für das Verhältnis von Nebenfachlehre und Hauptfachforschung. Insofern sehe ich sogar eine große Chance für die Soziologie darin, daß sie Ansprüche der Nebenfachlehre optimal zu erfüllen trachtet, auch wenn das zur Reduktion der Hauptfachlehre führt. Und damit scheinen mir die Aussichten für die qualitative Entwicklung der Soziologie besser als in den vergangenen 25 Jahren.

Demgegenüber scheint mir die Flucht in die Selbstbescheidung als Bildungsfach abwegig. So wie Kunstgeschichte das Studium für höhere Töchter ist, so soll Soziologie das Studium für niedere Söhne werden? Fächer mit solchen Ambitionen machen die Universität zu einer Volkshochschule, in der das Publikum aus Studienratswitwen durch ein Publikum aus Studienratskindern ersetzt wird - aber zu einem viel höheren Gemeinkostensatz und damit sozial ungerecht und unverantwortlich. Vielmehr kann die Soziologie, gerade wenn sie sich den Herausforderungen der Nebenfachlehre stellt, in der Hauptfachforschung und in ihrer Theorieentwicklung die Anreize finden, die es ihr vielleicht ermöglichen, einmal den Erwartungen gerecht zu werden, die man - wie eingangs erwähnt - einst in sie setzte und die sie durch bloße Stellenexpansion ohne inhaltliche Besinnung nicht erfüllte.

Anmerkungen

1) Vgl. als eine von vielen Beispielen den Studienplan Soziologie der Universität Tübingen vom 17.10.1984, Teil E.

2) Das ist natürlich bei allen praxeologischen Konzessionen der Methodologie der Mehrebenanalyse ein höchst fragwürdiges Verfahren.

2a) Zutreffendes bitte einfügen.

3) Dieses argumentum a maiore ad minus ist methodologisch zulässig.

4) Studiengang Soziologie an der Universität Stuttgart nach dem Studienplan vom 10.12.1980.

5) Dazu G. Endruweit: Die Lehrprogramme für Hauptfachsoziologen. In: Soziologie, 2/1975, S. 43-80, bes. S. 55,59.

6) Sh. Soziologie, 1/1980, S. 13-44.

7) §2 III, IV des Studienplans.

8) Peter L. Berger: Einladung zur Soziologie. Alten/Freiburg 1969, S. 27. Dort S. 26-29 eine sehr gute Beschreibung der Soziologie-Disposition.

9) Wenn jemand es besser weiß, wäre ich für entsprechende Nachweise sehr dankbar.

Soziologie als Bildungsstudium

Justin Stagl

Die Soziologie ist zunächst als Frontalangriff gegen die europäische Bildungsidee aufgetreten. Immer, wenn durch Krisen oder Revolutionen, wie die Französische, eine Elite diskreditiert ist, wird ja auch der Ruf nach einem neuen Bildungswesen laut. Die großen Soziologen des 19, Jahrhunderts waren Bildungsreformer, und zwar nicht nebenbei auch, sondern vor allem.

Ich erinnere an St. Simon, den großen Vorläufer der Soziologie, der in seiner "Parabel" von 1819 das Gedankenexperiment machte, sich zunächst die 30.000 Hauptvertreter der alten Ober- und Bildungsschicht, und dann die 30.000 führenden Industriellen, Wissenschaftler und Techniker wegzudenken. Das Fazit ist klar: im ersten Falle könnte die Gesellschaft überleben, im zweiten nicht. Denn die Gesellschaft selbst ist ja nach dem Muster der industriellen Produktion organisiert, une véritable machine.

Ich erinnere an Comte, den Erfinder des Namens "Soziologie", der die Wissenschaft zur neuen Kirche der Industriegesellschaft machen wollte, mit den Soziologen als Oberpriestern. Comtes Reformprogramm für die bestehende Gesellschaft begann als Ordnung und Hierarchisierung des vorhandenen Wissens nach einheitlichen Gesichtspunkten. Es begann als Erwachsenenbildung. Doch sollte die positivistische Kirche und die soziologische Priesterschaft letztlich auch die Ausbildung künftiger Technokraten und die Kontrolle des Bildungswesens überhaupt in die Hände bekommen.

Ich erinnere schließlich an Durkheim, den Begründer der Soziologie als akademisches Fach, der ja ursprünglich Pädagoge war und selbst nach der 1913 erfolgten Änderung seiner Lehrstuhlbezeichnung in "Science de l' Education et Sociologie" etwa die Hälfte seiner Vorlesungszeit pädagogischen Fragen gewidmet hat. Auch Durkheims Soziologie erwuchs, stimuliert durch die Niederlage im Deutsch-Französischen Krieg, aus dem Programm einer umfassenden Erziehungsreform. In seiner Doktoratsthese, "De la division du travail social" (1893) wandte er sich mit Nachdruck gegen das überkommene humanistische Bildungsideal, das ihm als den Problemen einer modernen Gesellschaft nicht mehr angemessen und darüber hinaus als individualistisch, also asozial, erschien: "Wir empfinden eine Abneigung für jene Leute, deren einzige Sorge es ist, alle ihre Fähigkeiten auszubilden und geschmeidig zu machen, die aber davon keinen bestimmten Gebrauch machen und auch keine opfern, als ob jede von ihnen sich selbst genügen müßte und eine unabhängige Welt bildete ... Wir sehen viel eher die Vollendung im kompetenten Menschen, der nicht versucht, vollkommen zu sein, sondern der eher etwas erschafft, der eine begrenzte Aufgabe hat und sich ihr widmet, der seinen Dienst tut oder seine Furche zieht" ("Über die Teilung der sozialen Arbeit", Frankfurt 1977, p. 82). Also Arbeits- und Leistungsethos statt Seinsethos; polytechnische statt humanistischer Bildung. Mit Kantischem Pathos stellt Durkheim einen neuen "kategorischen Imperativ des moralischen Bewußtseins" auf: "Bereite dich vor, einen bestimmten Beruf nützlich auszufüllen" (op. cit., p. 83). Was es darüber hinaus an Allgemeinbildung geben müßte, liefert die Soziologie: "Sie kann uns das geben, was wir am dringendsten brauchen, nämlich ein Gerüst ... von Leitideen; sie wäre die Seele unserer Praxis ..." ("Erziehung und Soziologie", Düsseldorf 1972, p. 93).

Von Anbeginn an war die Soziologie dreierlei in einem: Geschichtsphilosophie, Theorie der Industriegesellschaft und Bildungsreform; und das ist sie bis heute geblieben. Als Geschichtsphilosophie lehrte sie, anstelle des konkreten Geschichtsverlaufes, die notwendigen Phasen der bisherigen und die wahrscheinlichen Phasen der künftigen Geschichte, und zwar zum Zwecke des historischen Krisenmanagements; als Theorie der Industriegesellschaft erforschte sie dieselbe nach dem systematischen Zusammenhang ihrer notwendigen Funktionen; und als Bildungsreform wollte die Soziologie, die ja als neue Lehre vom Ganzen an die Stelle der Religion und Philosophie zu treten beanspruchte, die Erkenntnisse für die systematische Steigerung der Wohlfahrt des Einzelnen wie des Ganzen verwenden. Die Soziologie war ja seit St. Simon auch eine Revolutionsvermeidungstheorie. Reformen sollten an die Stelle von Revolutionen treten; die herrschenden Eliten sollten nicht mehr gewaltsam ausgewechselt, sondern friedlich umerzogen werden. Diesen Fortschritten stand das überkommene, religiös-philosophisch-literarisch fundierte Bildungsideal im Wege; es sollte fortgeräumt und durch naturwissenschaftlich-soziologisches Systemwissen ersetzt werden. Kommenden Geschlechtern wollte man also keine inhaltliche Bildungserbschaft mehr mitgeben, sondern vielmehr das Rüstzeug, sich eine bessere, zeitgemäßere Bildung selbst zu erwerben. Keine kanonisierten Bildungsinhalte also, sondern die "richtigen" Methoden, nämlich Bedienungsanleitungen für die soziale Maschine.

Mit diesem Programm ist die Soziologie bemerkenswert erfolgreich gewesen. In seinem Buch "Die unbewältigten Sozialwissenschaften" (Graz 1984) spricht Friedrich H. Tenbruck von der inzwischen eingetretenen "radikalen Überholung aller Kulturüberlieferung" durch die Sozialwissenschaften und der daraus folgenden "Soziologisierung aller Wissensbestände" (p. 24). Damit ist die Soziologie die eigentlich Bildungsdisziplin unserer Epoche geworden; ihre mächtigste Sinnstiftung. Dieser Auftrag, diese Verantwortung wird von ihr weiterhin ernst genommen. So schreibt Paul Kellermann der Soziologie zwei hauptsächliche Bildungsfunktionen zu, nämlich "gesellschaftsrelevante Informationen zu vermitteln" und eine "generelle gesellschaftskritische Haltung" herzustellen, die "auf einem 'Relativitätsbewußtsein' beruht" ("Soziologie als Bildungswissenschaft", in: Wolfgang Holzinger (Hrsg.), "Soziologisches Proseminar", Klagenfurt 1985, p. 37). Und die Studienreformkommission Politikwissenschaft/Soziologie meint, daß man sich durch ein Soziologiestudium auch die "Fähigkeit zum Dialog mit Nachbarwissenschaften" erwerbe, welche "zugleich zu einem hohen Grad an allgemeiner Bildung führen" müsse ("Empfehlungen der Studienreformkommission Politikwissenschaft/Soziologie, Bd. 2: Soziologie", Bonn 1985, p. 20). Hat also die Soziologie ihr selbstgestecktes Ziel inzwischen erreicht?

Die "Soziologisierung" der Bildung und des Wissens hat neben dem Vorteil der Erschließung neuer Erkenntnisquellen auch, wie sich inzwischen herausgestellt hat, ihre Nachteile: die der soziologisch inspirierten Bildungsreform ausgesetzten Menschen werden, statt mit den Kulturgütern selbst vertraut gemacht zu werden, mit Systemtheorien und -begriffen abgefertigt, aus denen sich dann ja freilich die rechten Inhalte von selbst ergeben sollen. Sie tun dies, so mein Eindruck, aber oft nur in der Weise, in der sich Kaninchen aus dem Zylinderhute des Zauberers "ergeben". Geschichtsphilosophie, wie ingeniös auch immer, kann historisches Tatsachenwissen nicht ersezten; Literatursoziologie nicht das Verständnis literarischer Kunstwerke. Man hat den Eindruck, daß die von der Soziologie inspirierte Bildungsreform vor allem in einer neuen Begriffsscholastik, in einer zunehmenden Ersetzung von Wirklichkeit durch Begriffssysteme besteht: "alles Sein will hier Wort werden" (Nietzsche, "Also sprach Zarathustra", III, Die Heimkehr). Der Soziologenjargon wird zur neuen Bildungssprache. Selbst wir Soziologen sind manchmal erschreckt, wenn uns diese unsere Entwirklichung der Welt aus dem Munde unserer eigenen Kinder zurückgegeben wird. So unlängst die folgende Reduktion von Goethes "Die Wahlverwandtschaften" auf ihren abstraktesten Inhalt: "Die haben Beziehungsprobleme gehabt".

Pitirim A. Sorokin hat in seinem Buch "Social and Cultural Mobility" (Glencoe 1959) den Austausch von Kulturelementen analysiert, der zwischen kulturellen Zentren und deren Peripherien stattfindet. Von den Kultureliten der Zentren gehen fertige Objekte sowie "geformte" Ideen und Wertvorstellungen aus, die von den Peripherien übernommen werden; von dort her wird stoffliches und kulturelles Rohmaterial in die Zentren eingespeist. Das ist der Austausch in normalen Zeiten. In Krisen und Revolutionen kann dieses Verhältnis aber umschlagen: die kulturellen Synthesen im Zentrum zerfallen, werden zu Rohmaterial; und von der Peripherie können neue Synthesen ausgehen (pp. 559 f., 565 ff.). Sorokin hat hier etwa an die Zersetzung der antiken Kultur unter dem Einflusse des Christentums gedacht, das dann aber diese Kultur sich einverleibte und weitertrug. Aber können wir dieses Denkmodell nicht auch auf das Verhältnis der Soziologie zu den überkommenen Bildungsinhalten anwenden? Wenn, wie Tenbruck meint, alle Bildungsinhalte soziologisiert worden sind, ist dann nicht eben dadurch auch die Soziologie gebildet worden? Dieser Umschlag, diese "List der Vernunft" hat schon mit dem frühen 20. Jahrhundert eingesetzt, etwa in der deutschen Kultursoziologie. Die Vielfalt soziologischer Schulen und Richtungen, die die frühere Vorherrschaft des Paradigmas systemtheoretisch angeleiteter empirischer Forschung abgelöst hat, bin ich nicht imstande zu beklagen. Auch hier hat, wie seinerzeit beim Verfall des Hegel'schen Systems, ein "Verfaulungsprozeß des absoluten Geistes" (Marx) eingesetzt, der letzten Endes eine Befreiung bedeutet: die Soziologie wird dadurch geschmeidiger gegenüber der kulturellen Wirklichkeit. Die Bildungsidee, die, das hat Durkheim mit dem Blicke der Abneigung ganz richtig gesehen, eine individualistische ist, tritt ja immer dann in den Vordergrund, wenn, wie zur Zeit der Sophistik, des Humanismus oder der Aufklärung, kollektivistische, für alle verpflichtende Denksysteme zerfallen. Die Soziologie, die als Frontalangriff gegen diese Bildungsidee angetreten ist, kann nur überleben, indem sie sie sich anverwandelt.

Damit breche ich meine Überlegungen zur Soziologie als Bildungsstudium ab. Wie man den allgemeinbildenden

Anspruch der Soziologie etwa in Lehrpläne von Schulen oder Universitäten umsetzen kann, möchte ich der Diskussion überlassen.

Diskussion

Nebenfach-Lehre von Soziologie meint in dieser Diskussion in erster Linie die Vermittlung von Soziologie an Studenten eines anderen (Haupt-)Fachs in einer Situation, in der Soziologie an der Universität zugleich Haupt- und Nebenfach ist. Erst in zweiter Linie geht es um Soziologie, die an der Universität nur als Nebenfach gelehrt wird. Nicht gemeint ist die Vermittlung von Soziologie durch Universitätsangehörige in Studien- und Lehrgängen außerhalb der Universität, etwa an Verwaltungsakademien oder Polizeischulen. (Brusten, Endruweit, Hoffmann-Nowotny)

Diese Nebenfach-Lehre von Soziologie weist bestimmte Problemdimensionen auf, die Gegenstand der Diskussion waren: Das Verhältnis der Soziologie zu anderen Disziplinen als Hauptfächern, thematisiert einmal als "Fremdbestimmung" durch das andere Fach und zum andern als problematische Auswirkung einer "aktiven Soziologisierung von Nachbardisziplinen" (Heitbrede). Großen Raum in der Diskussion nahmen die Fragen ein, was das Ziel und was die Inhalte der Nebenfach-Lehre von Soziologie sein sollten. In diesem Zusammenhang wurde relativ kontrovers die Vermittlung der Methoden der empirischen Sozialforschung erörtert und es wurde zu klären versucht, was "Soziologie als Bildungsstudium" sein könne. Ohne daß direkt davon die Rede gewesen wäre, wurde implizit noch einmal die Frage nach dem Selbstverständnis oder der "Identität" der Soziologie aufgenommen: Die Problematik des Nebenfach-Studiums, auch als "häufig größere Herausforderung an die Disziplin als das Hauptfach-Studium" angesprochen (Endruweit), erbrachte in der Abgrenzung zu anderen Disziplinen eine nähere Bestimmung der zuvor angesprochenen Gemeinsamkeit der Fragestellung als "soziologische Denkweise" im Sinne einer strukturellen Perspektive.

1. "Aktive Soziologisierung" anderer Disziplinen und Soziologie als Nebenfach

Gleich zu Beginn der Diskussion wurde festgestellt, daß die Nebenfach-Lehre von Soziologie in aller Regel im Rahmen der "Vorgaben" der Hauptfächer stattfinde (Büschges). Das wurde später mit dem Erfolg der "aktiven Soziologisierung" anderer Disziplinen begründet: Soziologie müsse nicht mehr, sondern sei längst in diesen anderen Studiengängen etabliert, und zwar zu deren Bedingungen, und der Versuch, sie als Nebenfach jetzt "in eigener Regie" zu betreiben, verspreche wenig Erfolg (Heitbrede). Eine Bedingung für die aktive Soziologisierung wurde besonders hervorgehoben, daß nämlich die anderen Disziplinen in den 60er und 70er Jahren ihre "gesellschaftliche Relevanz" hätten "nachweisen" müssen, nicht zuletzt zur Stellensicherung, und dabei von der Soziologie vor allem die speziellen Soziologien als Nebenfach aufgenommen hätten (Schrader).

Im übrigen wurde darauf hingewiesen, daß das Akzeptieren der Vorgaben anderer, mit denen der Soziologie in seiner beruflichen Tätigkeit kooperiere, "normal" sei: Arbeite man etwa mit Architekten in der Stadtplanung zusammen, könne man einen Beitrag zu deren "Alltagssorgen" nicht mit der Begründung aufschieben, daß erst die Gesellschaft verändert werden müsse (Endruweit). Von dieser Bemerkung ausgehend, wurden dann Grenzen für das Eingehen auf die Vorgaben anderer Disziplinen zu bestimmen versucht (Lutz): Prämisse sei, daß Soziologie keine "Gestaltungs-", sondern eine "diagnostisch-analytische Wissenschaft" sei. Die Soziologen sollten sich also nicht dazu hergeben, "Gestaltungskonzepte" zu entwerfen; sie sollten sorgfältig überlegen, wo sie wirklich eine Dienstleistung erbringen könnten und wo sie eine "Pseudodienstleistung" einer Nachbardisziplin andienten, um ihre Nützlichkeit unter Beweis zu stellen. Diese "fachstrategische Frage" stelle sich in der angewandten Forschung und in der Praxisberatung ebenso wie in der Nebenfach-Lehre.

Eine gewisse Konkretisierung fanden diese Überlegungen in einer Diskussion über das Problem der vom Hauptfach curricular zugebilligten Stundenanteile für Soziologie. Die Vertreter des Nebenfachs müßten sich darüber klar werden, wo der Mindeststundenanteil liege, der nicht unterschritten werden dürfe (Hartwich). Da aber bei der "Fremdbestimmung" des Nebenfachs stets die Gefahr der Unterschreitung bestehe, habe man in der Politikwissenschaft auch die Möglichkeit erwogen, in das Hauptfach (politologische) "Studienelemente" einzubringen. Für die Nebenfachlehre in Stuttgart wurde berichtet (Endruweit), daß Inhalte und Zahl der Leistungsnachweise mit den Vertretern der Hauptfächer vereinbart worden seien, daß dort keine Angebote gemacht würden, wo man, wie z.B. in der Biologie, nicht glaube, etwas beitragen zu können, und daß man im Lehramtsstudiengang wegen zu niedriger Stundenanteile/Leistungsnachweise die Mitarbeit verweigert habe.

2. Das Selbstverständnis der Soziologie: Wozu und wie NebenfachLehre von Soziologie

Das Ziel der Nebenfach-Lehre von Soziologie wurde in verschiedenen Beiträgen so bestimmt, daß die Studierenden des (Haupt-)Fachs befähigt würden, über ihre im Hauptfach bearbeiteten Probleme "soziologisch nachzudenken" und "im Team" mit Soziologen an einer Problemlösung zu arbeiten (Endruweit, Hoffmann-Nowotny, Schrader). Etwas weiter ging eine Zielbestimmung, der zufolge die NebenfachStudenten zu "Abnehmern und Kritikern der Produkte von Soziologie" ausgebildet werden sollten (Siefer).

Prämisse dieser Überlegungen war, daß einerseits die Soziologie die Probleme in den verschiedenen Wirklichkeitsbereichen nicht "stellvertretend" für die darauf gerichteten Disziplinen bearbeiten könne, die ihr in der Nebenfach-Lehre als Hauptfach gegenüberträten (Siefer), noch daß andererseits die Studierenden dieser Fächer in Soziologie so ausgebildet würden, daß sie selbst, etwa in der Forschung, für den Soziologen "stellvertretend" tätig werden könnten (Endruweit).

Solche Zielbestimmungen curricular umsetzend, wurde zunächst relativ kontrovers die Frage diskutiert, ob und wie man sich in der Nebenfach-Lehre der Soziologie auf die anderen Fächer einlassen solle. Eine Reihe von Beiträgen stellte mit unterschiedlicher Akzentuierung fest, daß die Nebenfach-Lehre von Soziologie nur dann erfolgreich sein könne, wenn sie sich "auch inhaltlich auf die Probleme des Hauptfachs einläßt" (Rosenbaum) oder wenn die "Bedürfnisse" der Nebenfach-Studenten aufgreift (Endruweit). In der Fähigkeit dazu liege auch eine Begrenzung für das Anbieten von Soziologie als Nebenfach. In anderen Beiträgen wurde eine solche Auffassung ausdrücklich abgelehnt (Hartwich, Hoffmann-Nowotny): Nebenfach-Lehre könne nicht darauf aufgebaut werden, ob man Geographen, Historiker, Pädagogen usw. vor sich habe, man könne nicht "spezielle Programme" für verschiedene Kategorien von Nebenfach-Studenten anbieten.

Im Laufe der Diskussion wurde deutlich, daß das Anknüpfen an die "Sachbetroffenheit" der Studierenden eher ein didaktisches Prinzip in der Nebenfach-Lehre darstellt: Wenn sich der Student den anderen "Denkstil" der Soziologie aneignen solle, müsse er sich auch "im Stofflichen" von seinem Hauptfach "distanzieren" und das bedeute vor allem, daß er sich von einer "sozialpflegerischen Einstellung" trennen müsse (Rosenbaum). Das gelte auch für den Soziologiedozenten. Um an die Sachbetroffenheit der Studierenden anknüpfen zu können, müsse er etwa über den Industriebetrieb hinsichtlich technisch-organisatorischer Neuerungen informiert sein (Endruweit), doch könne das nicht bedeuten, die Perspektive der Soziologie durch die der Wirtschaftswissenschaften zu ersetzen. In eher inhaltlicher Hinsicht wurde am Beispiel der Nebenfach-Lehre in Passau deutlich, was Sich-einlassen auf die Bedürfnisse der Studenten bedeuten könne: Es gebe Theorien und Fragestellungen in der Soziologie, die sich in der Nebenfach-Lehre kaum vermitteln ließen. Dagegen sei es möglich, etwa die Rollentheorie in Verbindung mit Fragestellungen von einem gewissen Allgemeinheitsgrad auch einer "heterogenen" Nebenfach-Hörerschaft zu vermitteln (Mintzel). Es wurde schließlich darauf aufmerksam gemacht, daß es praktisch sehr oft nur darum gehen könne, aus dem Hauptfachstudium gewisse "Bausteine" für die Nebenfach-Lehre zusammenzustellen (Vaskovics).

Als ein dauerndes Problem für die Nebenfach-Lehre wurde der häufig andersartige "Arbeitsstil" angesprochen, den die Studierenden vom Hauptfach mitbringen. So sei z.B. die Gewohnheit von Geographen, nach Lehrbüchern zu arbeiten, für Lehre und Prüfung in der Soziologie nicht notwendig funktional. (Rosenbaum)

Die Inhalte der Nebenfach-Lehre von Soziologie wurden relativ abstrakt als die "soziologische Denkweise" bestimmt, erläutert als eine "bestimmte Art, über Gegenstände zu denken", nämlich unter Bezugnahme nicht auf Individuen und ihre Motivationen, sondern auf Strukturen als Handlungsketten (Gerhardt, Stagl). Inhaltlich wurde festgestellt (Gerhardt, Mintzel), daß diese Denkweise besonders an der Geschichte der Soziologie als "Problem- und Disziplingeschichte" darstellbar sei, womit gleichzeitig ein Stück Selbstreflexion des Fachs mit vermittelt werden könne. Eine andere Darstellungsmöglichkeit biete die Sozialstrukturanalyse etwa in Verbindung mit dem Theoriestück der sozialen Ungleichheit (Endruweit). Daneben wurden als "essentials" von Soziologie für die Nebenfach-Lehre noch Grundbegriffe und die Einführung in die Methoden der empirischen Sozialforschung genannt. Am Beispiel des Nebenfach-Programms in Medizinsoziologie in Gießen wurde deutlich gemacht, wie die soziologische Denkweise in Anknüpfung an Gegenstände des Hauptfachstudiums exemplifiziert werden kann: An der Struktur der medizinischen Versorgung ansetzend, wozu im übrigen "historisches Wissen" unerläßlich sei (Gerhardt). Am Beispiel des Nebenfach-Programms in Stuttgart wurden Art und Umfang der Leistungsnachweise dargestellt: Es sieht je einen Schein vor für Allgemeine Soziologie oder Entwicklungssoziologie, für Sozialstrukturanalyse und für Methoden.

3. Das Selbstverständnis der Soziologie und die Methodenlehre im Nebenfach

Der Umfang, in dem Studenten des Nebenfachs Soziologie mit "Methodologie" oder "Methoden der empirischen Sozialforschung" vertraut gemacht werden sollten, war in der Diskussion umstritten. Die in dieser Hinsicht am weitesten gehende Position sieht Ausbildung zu "Abnehmern und Kritikern der Produkte der Soziologie" vor (Siefer). Dazu seien dann die Methoden auch "gegen den Strich" zu lehren. Die andere Position fürchtet, daß die Methoden der Soziologie "entrissen werden" könnten und empfiehlt weitgehende oder gar völlige Enthaltung von der Nebenfach-Lehre der Methoden. Daß Realisierungsprobleme einer solchen Position nicht einfach zu lösen sind, zeigte eine Bemerkung, wonach Studenten der Geschichtswissenschaft Soziologie als Nebenfach wählten, um bestimmte Methodendefizite der Hauptfach-Ausbildung auszugleichen (Mintzel). Im übrigen wurde in zwei Beiträgen die Gefahr, daß der Soziologie ein mindestens in der Wirkung nach außen eigentümliches Wissenselement entrissen werden könnte, nicht für so gravierend gehalten (Büschges, Endruweit): Die Nebenfach-Lehre der Methoden könne gar nicht so intensiv sein, daß die Absolventen die Datenerhebung selbst machen oder auch nur Forschungsberichte erschöpfend interpretieren könnten. Unter Einführung der Unterscheidung, eine Technik zu "verstehen" vs. zu "beherrschen", wurde schließlich eine Formel für die Zielbestimmung der Methoden-Lehre im Nebenfach vorgeschlagen (Lutz): Der Nebenfachstudent der Soziologie soll Methoden ausreichend "verstehen" können.

4. Soziologie als Bildungsstudium

In zwei Beiträgen wurde nach der Realisierbarkeit einer Konzeption von Nebenfach-Lehre der Soziologie als "Bildungsstudium" gefragt (Hartwich, Lutz): Nach den Möglichkeiten, die soziologische Denkweise ohne Rekurs auf genuin soziologische Fragestellungen, "fachunspezifisch" an Elementen der Allgemeinbildung oder dem überkommenen Bildungsgut darzustellen. Eine erste Antwort darauf stellte inhaltlich auf einen "harten Kern" von Grundbegriffen, Methoden und Geschichte der Soziologie, formal auf ein Angebot nach Art der Wissens- und Kultursoziologie, und vom Anspruch her auf eine "Diagnose der Gegenwart" als Orientierung auf die soziale Umwelt ab (Stagl). Dieser Anspruch wurde als unangemessene "neue Hoffnung auf Soziologisierung der Kultur" (Weiß) kritisiert und danach stark zurückgenommen auf die besondere Eignung der Soziologie als "Bildungsdisziplin" in der philosophischen Fakultät mit den klassischen Bildungsbeständen als "Vehikel" der Vermittlung der soziologischen Denkweise (Stagl).

In mehreren Beiträgen wurde diesem Konzept eine gewisse Enge in der Beschränkung auf die erwähnten Bildungsbestände entgegengehalten und für eine Ausweitung von "Soziologie als Bildungsstudium" in Richtung auf politische Bildung plädiert (Kellermann, Nave-Herz, Rosenbaum). Soziologie könne danach ihre Bildungsfunktion gerade auch in der Behandlung von Themen aus dem 19. und 20. Jahrhundert erfüllen, die immer schon Themen der Soziologie gewesen seien. Dabei werde ein Wissen vermittelt, das heute, wie bestimmte Grundkenntnisse in den Naturwissenschaften, zur Allgemeinbildung gehöre.

Für die Nebenfach-Lehre von Soziologie bedeute das die Vermittlung eines "Grundbestandes" von soziologischem Wissen, das zum "Verstehen" sozialer Probleme wie etwa dem der Armut, erforderlich sei (Rosenbaum). In einer didaktischen Perspektive sei die "soziologische Denkweise" ein zentraler Begriff, dessen Umsetzung in Lernziele für die Nebenfach-Lehre bedeute, die gesellschaftliche Vermitteltheit von Problemen im Unterschied zu ihrer Naturgegebenheit, die Kritikfähigkeit hinsichtlich der Ergebnisse der empirischen und theoretischen Arbeit der Soziologie und schließlich die "Sachbetroffenheit" der Studierenden durch die Probleme, die in ihrem Hauptfach bearbeitet würden, deutlich zu machen. Dabei sollten i.S. der politischen Bildung als Unterrichtsprinzip (in Österreich) aktuelle Ergebnisse zur Exemplifizierung der soziologischen Denkweise genommen werden. (Kellermann)

5. Was kann die DGS tun?

Dazu wurde zusammenfassend festgestellt (Lutz): Es sei zunächst einmal anzuerkennen, daß die bisherige Lehrdiskussion zu sehr auf das Hauptfach-Studium konzentriert gewesen sei. Die DGS werde sich in Zukunft stärker mit dem Problem der Nebenfach-Ausbildung befassen müssen, bis hin zur Frage der Anrechnung dieser Lehre nach der Kapazitätsverordnung (worauf Stagl hingewiesen hatte). Insbesondere werde diese Diskussion systematisch zu berücksichtigen haben, daß andere Disziplinen sich "soziologische Lehrinhalte aneigneten", oft nur zur Stellensicherung. An dieser Diskussion sollten auch die Sektionen beteiligt werden, da sich solche Aneignungsstrategien vielfach bevorzugt auf die speziellen Soziologien gerichtet hätten.

Abschlußdiskussion

Im Zentrum der Abschlußdiskussion standen die integrierten Studiengänge, daneben auch der Magisterstudiengang und die Interessen der Soziologinnen. Und es wurden natürlich Resümées der Tagung mit Blick auf die Politik des Fachs und die Aktivitäten der DGS gegeben.

1. Was sind eigentlich "integrierte Studiengänge"?

Im Laufe der Diskussion ergab sich immer wieder das Bedürfnis, genauer zu bestimmen, was in den Studiengängen nach welchem Modell integriert wird. Grundlegend war die Bestimmung der integrierten Studiengänge als interdisziplinäre Diplomstudiengänge, in denen Soziologie eine sehr unterschiedliche Bedeutung haben wie auch der beim Abschluß verliehene Titel verschieden sein kann (Brusten).

Diese Bestimmung ließ die Frage nach der Soziologie als Hauptfach in den Hintergrund treten und betonte die Nähe aller Diplomstudiengänge. In die gleiche Richtung wies die Bemerkung, daß die Rahmenordnung für die Diplomprüfung (in Soziologie) von 1969 die "Zwangsbindung" der Soziologie an die Wirtschaftswissenschaften vorgesehen habe und mit ihrer Aufhebung eine Vielzahl von Kombinationen möglich geworden seien, deren Integration dem Studierenden überlassen bleibe (Siefer). Die Nähe der

Diplomstudiengänge unterstrich weiter ein Hinweis auf die Integration von Soziologie mit anderen Disziplinen nur im Grundstudium (Kellermann). Dazu wurde aber sofort die Frage nach der Praktikabilität gestellt und aus der Sicht der Studienreformkommission Politologie/Soziologie verneint (Lamnek).

Eine prinzipiell historische Argumentation betonte eher die Differenzen: Unter Bezugnahme auf die integrierten Studiengänge, die mit dem Titel des Diplom-Sozialwirts oder des Diplom-Sozialwissenschaftlers abschließen, wurden zwei Modelle herausgestellt. Beispiel für das eine: der Diplom-Sozialwirt, den es seit den 50er Jahren gibt, heute in Göttingen und Nürnberg. Dieser Studiengang sei charakterisiert durch die Integration von Disziplinen, mit Wirtschaftswissenschaften und Jurisprudenz als Kern, und durch Praxisbezug (Rosenbaum). Das andere Modell, dargestellt am Beispiel des Wuppertaler sozialwissenschaftlichen Studiengangs, integriere in erster Linie Universität und Fachhochschule, Disziplinen erst in zweiter Linie, und habe bei einem ausschließlich "akademischen" Abschluß über die Fachhochschule einen starken Praxisbezug (Brusten).

2. Die "integrierten Studiengänge" als fachpolitische Innovation oder als Problem für die Soziologie

Problematisch an diesen integrierten Studiengängen erschien nicht der Praxisbezug: hier ließ das Beispiel Wuppertal vermuten, daß man sich relativ erfolgreich darum bemüht, die Absolventen "in die Praxis zu bringen" (Brusten). Für Göttingen wurde ausdrücklich eine "gute Erfahrung" bezüglich der Einmündung der Sozialwirte (im Unterschied zu den Diplom-Soziologen) in "außeruniversitäre Beschäftigungsbereiche" berichtet (Rosenbaum).

Problematisch erschien vielmehr die Integration der verschiedenen Disziplinen mit der Soziologie, wenn unter Integration "eine nicht nur additive Zusammenfassung mehrerer sozialwissenschaftlicher Fächer" verstanden wird - ein Problem, das auch soziologie-intern nicht unbekannt ist (Rosenbaum). Selbst wo nun diese Integration zu gelingen scheint, wurde von Schwierigkeiten auf der "konzeptuellen" wie auf der "praktischen Ebene" berichtet: Sie lägen bei den Wirtschaftswissenschaften und der Jurisprudenz in der interdisziplinären Verselbständigung, in der Durchstrukturierung eigener Curricula und in dem "Alles oder Nichts - Prinzip" der Lehre. Könne man diese Schwierigkeiten überwinden, dann sei in der Kooperation eine besondere "Orientierung" auf seiten der Soziologen erforderlich, die den anderen Disziplinen "ein Stück weit entgegenarbeitet", also etwa in "Integrationsveranstaltungen" die disziplinären Unterschiede in Denkweise und Methode aufarbeite. Das setze natürlich ein entsprechend qualifiziertes Lehrpersonal voraus. (Rosenbaum)

Auf die entscheidende Bedeutung der Bereitschaft und der Qualifikation der einzelnen Lehrenden in der Soziologie wie in den anderen Fächern für eine erfolgreiche Kooperation wurde nachdrücklich aufmerksam gemacht (Büschges, Brusten, Nave-Herz). Sei das nicht gegeben, käme es zu Tendenzen der "Soziologisierung" des integrierten Studienganges, d.h. Soziologie werde de facto zum Hauptfach, und der Studiengang nähere sich inhaltlich dem soziologischen Diplomstudiengang an. Das Wuppertaler Beispiel zeige, wie selbst bei einer mit Blick auf den Praxisbezug besonders günstigen personellen "Infra struktur" solche Tendenzen aufkämen. Es wurde daher sogar zu generalisieren versucht (Kohli), daß bei (neuen) integrierten Studiengängen erst die "Soziologisierung" ihre Stabilität bewirke.

Nun wurde aber auch eine Bewegung in die andere Richtung sichtbar: Einführung eines integrierten sozialwissenschaftlichen statt des soziologischen Diplomstudiengangs. Hier wurde für Mannheim berichtet, daß man, den Politologen in gewisser Weise entgegenkommend, einen integrierten Studiengang einrichten werde, der im übrigen über die Methodenausbildung auch zusätzliche Lehranteile für die Soziologie bringen könne (Zapf). Die Einschätzung, daß dies "an einigen Orten in Zukunft eine wesentliche Innovation" mit Möglichkeiten der "Landnahme" für die Soziologie darstellen könne (Lutz), traf aber unter Hinweis auf die Probleme integrierter Studiengänge auf Widerspruch: Es habe den Anschein, als ob die Soziologie in der Kooperation vor allem mit den Wirtschaftswissenschaften und der Jurisprudenz den Verweis darauf brauche, "was in der Soziologie gemacht wird" (Büschges).

3. Integrierte Studiengänge, Studienreformkommission und was die DGS tun kann

Hierzu wurde aus der Studienreformkommission Politologie/Soziologie zunächst mitgeteilt (Lamnek, Hartwich, Vaskovics), daß sich diese aus mehreren Gründen mit den integrierten Studiengängen nicht hätte befassen können: Die Ausarbeitung von Regelungen hätte eine Beteiligung auch der Vertreter der anderen Disziplinen erfordert; die örtlichen Bedingungen seien im übrigen zu verschieden, als daß Regelungen oktroyiert werden könnten; daher seien dies Studiengänge, die typischerweise örtlich entwickelt werden müßten; und schließlich habe man vorrangig dem Titel des Diplom-Soziologen ein bestimmtes Profil geben wollen. Die Nichtbefassung bedeute also keineswegs, daß die Studienreformkommission die integrierten Studiengänge abschaffen wolle. Für die Kommission wäre aber eine Stellungnahme der DGS, die auf die Bedeutung der integrierten Studiengänge für die Soziologie-Ausbildung hinweise, bis zur Wiederaufnahme der Beratungen Anfang 1987 nützlich. Sähe die DGS Regelungsbedarf, müßte eine neue Kommission unter Beteiligung der in Frage kommenden Disziplinen vorgeschlagen werden.

Bezüglich der Politik der DGS bestand Konsens, daß sie dafür sorgen solle, daß die integrierten Studiengänge im Fach nicht "randständig" und der Wissenschaftsbürokratie damit Handhaben geliefert würden, sie abzuschaffen (Lutz). Vor einer Erarbeitung von Regelungsvorschlägen wurde unter Hinweis auf die örtlichen Besonderheiten ("in Nürnberg 17 verschiedene Fächerkombinationen") als "Überforderung" der DGS gewarnt (Büschges). Ausdrücklich wurde in diesem Zusammenhang noch einmal an die Verantwortung der Fachvertreter am Ort für die Gestaltung Soziologielehre erinnert, die von der DGS auf Anforderung Unterstützung erhalten könnten (Lutz). Konsens war weiter hinsichtlich des Vorschlags zu erkennen, in der DGS stärker als bisher Probleme und Erfahrungen mit den integrierten Studiengängen zu beobachten und zu diskutieren. In einer Reihe von Beiträgen wurde darüber hinaus eine "Bestandsaufnahme" über die Regelungen und über die faktische Kooperation mit den anderen Disziplinen gewünscht, um mögliche "Opportunitäten" dieser Studiengänge fachpolitisch beurteilen zu können (Daheim, Lutz, Siefer, Vaskovics). Kurzfristig, auf die Arbeit der Studienreformkommission zielende Vorschläge

(Lutz, Vaskovics), den Auschuß für Lehre und/oder Vertreter der integrierten Studiengänge um den Entwurf einer Stellungnahme zu bitten, fanden mindestens bei den letzteren keinen Widerhall.

4. Frauendiskriminierung und Soziologielehre

Diese Diskussion wurde durch die Mahnung eröffnet, daß bisher von den besonderen Problemen der Studentinnen und des weiblichen Nachwuchses nicht die Rede gewesen sei und daß man nicht so tun könne, als sei Soziologie eine "geschlechtsneutrale Veranstaltung" (Rammert-Faber). Die Rückfrage nach Änderungswünschen bezüglich der Soziologielehre in dieser Hinsicht (Lutz) wurde mit dem Hinweis auf das in Bielefeld entwickelte "Curriculum Frauenforschung" beantwortet.

Dagegen wurde zunächst auf einer generellen Ebene eingewendet, daß ein "Ghetto-Effekt" eintreten werde, wenn die Soziologinnen "Besonderheiten" geltend machten, der durch "affirmative Aktion" noch verstärkt werde. Es sollten nicht Zusammenhänge "segregiert" werden, die in den letzten Jahrzehnten schon nicht mehr segregiert gewesen seien: Es gebe auf vielen Ebenen bereits die gemeinsame problemorientierte Arbeit von Frauen und Männern im Fach. Frauen müßten ermutigt und unterstützt werden, wenn sie auf der gleichen Ebene am Wissenschaftsbetrieb teilnehmen wie die Männer (Gerhardt).

Auf der Ebene von Studieninhalten und Prüfungsordnungen wurde ein besonderer Diplomstudiengang für Frauen von Frauen abgelehnt (Lutz), wie auch der implizierten Vorstellung widersprochen wurde, daß eine Änderung der Ausbildungsinhalte dazu führen könnte, daß Frauen "weniger Schwierigkeiten zu bestehen" hätten (Nunner-Winkler).

Es wurde vorgeschlagen, in der nächsten Zeit fachintern in eine Diskussion über die "institutionell oder in der Praxis angelegten Punkte" einzutreten, wo "ganz spezifische Diskriminierungseffekte" über eine Änderung von Prüfungs- und Studienordnungen zum Verschwinden gebracht werden könnten (Lutz). Für Schwierigkeiten "unterhalb von Studien- und Prüfungsordnungen" wurde auf die Möglichkeiten von Gruppenbildung, Tutorien u.ä. verwiesen (Gerhardt).

5. Der Magisterstudiengang als gleichwertige und berufsqualifizierende Hauptfach-Ausbildung in Soziologie

Diese Diskussion stand unter Zeitdruck und konnte daher auch nur, auf dem Hintergrund der Erörterungen auf der Jahreskonferenz 1985, der Stellungnahme des Vorstands zu den Empfehlungen der Studienreformkommission Politologie/Soziologie sowie der voraufgegangenen Tagungsdiskussion, Grundlinien der DGS-Politik bekräftigen und ein drängendes Problem ansprechen: Die Anerkennung des Abschlusses als berufsqualifizierend.

Es wurde daran erinnert, daß Diplom und Magister zwei in der Tradition des Fachs verankerte Abschlüsse seien, und daß die Vertreter der Magister-Studiengänge den Unterschied zum Diplom nicht auf der Dimension von "hart/weich", sondern auf der von "anforderungsreich/mit weniger Anforderungen auf gleichem Niveau" sähen (Kohli). Konsens wurde festgestellt (Endruweit, Kohli, Lutz), beide Abschlüsse beizubehalten, da ja in beiden Studiengängen bestimmte Elemente gegeben sein sollten: ein hohes Anforderungsprofil, Wissenschaftsorientierung und theoriegeleitete Forschungskompetenz. Dazu käme, daß aus fachpolitischen Gründen "andere Studienmöglichkeiten" und "Zustiegsmöglichkeiten" offengehalten werden sollten, nicht zuletzt, um das Fach attraktiv zu machen für Interessierte, "die bereits einen Abschluß in einem anderen Fach haben" (Lutz). Dabei müsse überlegt werden, die Diskussion um den Magister-Studiengang "offensiv" zu führen, also zu prüfen, ob es im geisteswissenschaftlichen Bereich noch Felder gebe, die für das Fach erschlossen werden könnten (Lutz). Auf ein diesbezügliches großes Hindernis wurde gleich zu Anfang der Diskussion hingewiesen: Daß die Wissenschaftsbürokratien (und die Personalchefs) den Magisterabschluß nicht als "berufsqualifizierend" anerkennen (Siefer). In diesem Zusammenhang wurde aus der Arbeit der Studienreformkommission berichtet, daß die Beratung des berufsqualifizierenden Magisterstudiengangs neben dem Diplomstudiengang eine "Vorgabe" der Kultusministerkonferenz gewesen sei. Erstaunlich sei nun, daß die gleiche Bürokratie den Magister-Abschluß nicht als berufsqualifizierend anerkennen wolle (Lamnek). Auf eine ähnliche Haltung der Forschungsförderungsorganisation hinsichtlich des Diplomabschlusses wurde hingewiesen (Lutz): Diplomierten würde nur das halbe Gehalt mit der Begründung zugebilligt, sie seien noch in der Ausbildung. Die Erwartung, daß die DGS sich bemühe, daß der Magister als berufsqualifizierender Abschluß anerkannt wird (Siefer), wurde allgemein geteilt.

In diesem Zusammenhang wurde schließlich noch berichtet (Lamnek), daß die Empfehlungen der Studienreformkommission zur Gestaltung des Magister-Studiengangs einen Kompromiß darstellten, der Bedingung für die Verabschiedung der

Regelungen für den Diplom-Studiengang gewesen sei: Im Unterschied zu letzterem flexibler, weniger reglementiert und "weniger Methoden". Es wurde vorgeschlagen, daß die DGS prüfe, ob ihre kritisierende Stellungnahme zu den Empfehlungen der Studienreformkommission Politologie/Soziologie "nach außen offensiv vorgetragen werden solle" (Lamnek).

6. Resumées der Diskussionen und was die DGS tun sollte

Fächer wie die Psychologie erreichten "ihre Identität über die Strukturierung ihrer Studiengänge und die Homogenisierung ihrer Abschlüsse". Die Tagung habe gezeigt, daß in der Soziologie bei großer Vielfalt inhaltlicher Konzepte die "innere Stärke" in ihrer Diskussionsfähigkeit Ausdruck finde. Die Dichte der Diskussion über die Soziologie-Lehre dürfe man als Anzeichen des Problemdrucks im Fach nehmen, auch wenn natürlich die Teilnehmerauswahl gegenüber der Mitgliedschaft einen "bias" hinsichtlich des Problembewußtseins aufweise. Das Diskussionsergebnis sei allerdings viel weniger "kantig" als erwartet: es sei kaum zu einer Konfrontation gegensätzlicher Positionen gekommen. Das sei einerseits Ausdruck der Stärke des Fachs, schaffe andererseits aber auch "Vermittlungsprobleme". (Lutz)

Im einzelnen wurde Konsens festgestellt, daß an einigen Orten forschungsorientierte Aufbaustudiengänge ausprobiert werden sollten. Wenn auch in diesem Zusammenhang hier niemand von "Privilegierung" gesprochen habe (Lutz), so wurde doch darauf hingewiesen, daß das am Ort, wenn mit der Einrichtung ernst gemacht werde, nicht auch so sein müsse (Daheim). Diese forschungsorientierten Aufbaustudiengänge wurden ausdrücklich von "Weiterbildungsstudiengängen" mit Berufserfahrung als Zugangsbedingung und Verzicht auf Zertifizierung (Kellermann) abgesetzt wie auch noch einmal auf die diesbezüglichen Aktivitäten des Berufsverbandes Deutscher Soziologen verwiesen wurde (Daheim). Die Bedeutung der Aufbaustudiengänge für den wissenschaftlichen Nachwuchs wurde durch den Hinweis auf die Notwendigkeit rascher Promotion angesichts der erwähnten Bezahlung der Diplomierten in den Forschungsprojekten unterstrichen (Lutz).

Es wurde weiterhin festgestellt, daß die großen örtlichen Verschiedenheiten hinsichtlich der Ausbildungsbedingungen allgemein zur Kenntnis genommen, ihre Auswirkungen aber nicht genügend diskutiert worden seien (Lutz). In diesem Zusammenhang wurde die Vermutung geäußert, daß die traditionelle und in der nächsten Zukunft wahrscheinlich steigende Vielfalt der Soziologie-Lehre an einigen Orten von erheblicher Brisanz für das Fach sein könnte (Daheim). Konsens wurde festgestellt, daß die Fachvertreter am Ort die primäre Verantwortlichkeit für die Qualität der Lehre trügen und daß die DGS hier nur subsidiär tätig werden könne (Lutz).

Was die Frage der "Homogenisierung" bzw. die der "Härtung" des Diplom-Studiengangs auf überörtlicher Ebene betrifft, wurde ein gewisser Dissens vermutet und eine nicht ausreichend intensive Diskussion bemängelt (Lutz). Ein anderer Beitrag (Vaskovics) bemühte sich um Details: Er stellt Konsens fest, daß es Standardinhalte für jeden Hauptfachstudiengang, eine Zwischenprüfung "mit bestimmten Funktionen" geben solle und daß in der Diplomhauptprüfung "auf Standards geachtet werden muß". Konsens wurde auch hinsichtlich einer überörtlichen Homogenisierung der Regelungen für die Diplomhauptprüfung vermutet.

Hinsichtlich des Diploms als berufsqualifizierendem Abschluß wurde ein gewisser Dissens festgestellt: was Berufsqualifikation für den Soziologen bedeute, sei auch hier nicht näher bestimmt worden; es gebe einen dringenden Diskussionsbedarf im Fach.

In diesem Zusammenhang wurde weiter festgestellt, daß in der Diskussion nicht ganz klar geworden sei, welcher Bedarf an überörtlicher Strukturierung hinsichtlich der Magister- und der integrierten Studiengänge bestehe. Örtlich und überörtlich gelte, daß die Entwicklungen in der Soziologie-Lehre mit Entwicklungen in den Nachbardisziplinen und deren "relativer Plazierung" vielfältig verbunden seien. (Lutz) Auf diese Feststellungen bezogen wurde gemahnt, Magister und Diplom nicht zu "dichotomisieren": es gehe um eine und nur eine Hauptfachausbildung in der Soziologie; klare Stellungnahmen der DGS dazu hülfen in der Auseinandersetzung mit anderen Disziplinen um Studiengangsanteile (Schrader).

Hinsichtlich der Qualität der Hauptfachausbildung wurde gesagt, daß es den Anschein habe, daß die örtliche Lehre vor allem von individuellen, wenn auch strukturinduzierten Interessen bestimmt werde, und daß eine Reihe von Problemen in der Lehre von den Lehrenden selbst geschaffen würden. Hier müsse die DGS ihre "Organisationsfähigkeit" oder Steuerungskapazität erhöhen. (Daheim) Zu letzterem wurden Vorschläge gemacht (Gerhardt): Erscheinungen, die den Interessen des Fachs abträglich seien, im Mitteilungsblatt, auf den Soziologentagen zu benennen und die dafür Verantwortlichen direkt anzusprechen. Konsens bestand, daß "anprangern" nichts nütze, daß aber vom Vorstand versucht werden müsse, Kollegen am Ort bei Verbesserungen zu unterstützen und falls erforderlich, "unfreundliche Briefe" zu schreiben (Lutz). In einigen Beiträgen wurde die Bedeutung dezidierter Stellungnahmen der DGS zu Lehrproblemen hervorgehoben: Wichtig sei, daß die DGS sage, daß "Härtung" der Hauptfachausbildung "unsere Politik" sei (Brusten, Gerhardt, Schrader, Vaskovics).

Hinsichtlich der Nebenfach-Lehre wurde Konsens festgestellt, daß sie ernster als bisher genommen werden müsse: Es bestehe "das Risiko des 'Wegrutschens' ganzer Felder soziologischer Betätigung in Nachbardisziplinen", die sich gegen die Soziologie "immunisieren" könnten. Im übrigen seien die Nebenfächler von heute zukünftige Klienten für Soziologie und Auftraggeber soziologischer Forschung. Es bestehe im Fach ein beträchtlicher Bedarf an Diskussion der Nebenfach-Lehre. (Lutz)

Teilnehmerliste

der Tagung zu den Perspektiven der Soziologielehre am 26./28.6.1986 in Schloß Rauischholzhausen

Prof. Dr. M. BRUSTEN, Wuppertal
Prof. Dr. G. BÜSCHGES, Nürnberg
Prof. Dr. H. DAHEIM, Bielefeld
Prof. Dr. G. ENDRUWEIT, Stuttgart
Prof. Dr. H. ESSER, Essen/Mannheim
Prof. Dr. L. von FRIEDEBURG, Frankfurt
Prof. Dr. U. GERHARDT, Gießen
Prof. Dr. M. HALLER, Graz
Prof. Dr. H.-H. HARTWICH, Hamburg
Prof. Dr. H. HECKHAUSEN, München
Prof. Dr. H. HEID, Regensburg
V. HEITBREDE, Lüneburg
Prof. Dr. H.J. HOFFMANN-NOWOTNY, Zürich
Prof. Dr. D. KAMPER, Berlin
Prof. Dr. P. KELLERMANN, Klagenfurt
Prof. Dr. M. KOHLI, Berlin
PD Dr. S. LAMNEK, München
Prof. Dr. F. LANDWEHRMANN, Mainz
Prof. Dr. R. LAUTMANN, Bremen
Prof. Dr. H. LÜDTKE, Marburg
Prof. Dr. B. LUTZ, München
Prof. Dr. A. MINTZEL, Passau
Prof. Dr. R. NAVE-HERZ, Oldenburg
Prof. Dr. F. NEIDHARDT, Köln
Prof. Dr. G. NUNNER-WINKLER, München
Dr. C. RAMMERT-FABER, Bielefeld
Prof. Dr. B. REIMANN, Gießen
Prof. Dr. W. ROSENBAUM, Göttingen
Dr. G. SCHÖNBAUER, Bielefeld
Prof. Dr. A. SCHRADER, Münster
Prof. Dr. G. SIEFER, Hamburg
Prof. Dr. J. STAGL, Bonn
Prof. Dr. L. VASKOVICS, Bamberg
Dr. W. WEHRSPAUN, Konstanz
Prof. Dr. J. WEISS, Kassel
Prof. Dr. W. ZAPF, Mannheim

Ergebnisse der Enquete zur Soziologielehre 1986

Hansjürgen Daheim/Günther Schönbauer

Auf die Enquete zurückblickend, die F. Neidhardt mit dem Ausschuß für Lehre Mitte der siebziger Jahre durchgeführt hat, und nach längeren Diskussionen über die seither deutlich gewandelte Lage des Fachs, an denen Vorstand, Ausschuß und Lehrbeauftragte für Lehre der DGS beteiligt waren, wurde Anfang 1986 mit den Mitteln der Stiftung Volkswagenwerk eine erneute Erhebung zur Lehrsituation an den "Ausbildungseinrichtungen" für Soziologie in der Bundesrepublik eingeleitet.

Für die in dem von G. Siefer zusammengestellten Verzeichnis aufgeführten 50 Einrichtungen (81 ff.) wurden "Korrespondenten" benannt. Die betreffenden Damen und Herren wurden vom Vorsitzenden der DGS und dem mit der Durchführung der Enquete beauftragten Vorsitzenden des Ausschusses für Lehre gebeten, anhand eines Leitfadens eine "möglichst vielseitigen und informativen Bericht" zu bestimmten Aspekten der Soziologielehre zu geben, die in den erwähnten Diskussionen problematisch waren: Entwicklung der Studentenzahlen in den letzten Jahren, Stellensituation, Lehrangebot, Prüfungsregelungen, Studienmotivation und Nachwuchsförderung. Defizite in der Lehre sollten für eine verbandsinterne Diskussion aufgezeigt werden. Bis zur Jahresmitte 1986 gingen

41 Berichte ein; eine sehr erfreuliche Antwortquote, die sicher auch den Problemdruck im Fach manifestiert. Über die Ausbildungseinrichtungen von Berlin TU, Bochum, Eichstätt, Freiburg, Kiel, Lüneburg, München TU und Siegen liegt ein Bericht nicht vor.
Die Berichte sind im einzelnen ziemlich unterschiedlich, manche sehr knapp, viele recht ausführlich, die meisten mit einer Fülle von Materialbeilagen. Was die einzelnen Ausbildungseinrichtungen betrifft, machen die Berichterstatter in aller Regel Angaben über das Institut, das die Haupt- und/oder Nebenfachausbildung ausführt, aber eher seltener über die Nebenfachlehre, die im Rahmen der Ausbildungseinrichtungen anderer Disziplinen am Hochschulort stattfindet. Wir erfassen damit an den einzelnen Ausbildungsorten keineswegs alle Bereiche der Soziologielehre.

Das reichhaltige Material kann hier nicht erschöpfend dargestellt werden. Um für die Diskussion über die Lehrsituation relativ rasch Daten verfügbar zu machen, haben wir die uns dazu am wichtigsten erscheinenden Angaben zu den verschiedenen Aspekten der Soziologielehre an den einzelnen Einrichtungen zu tabellarischen Aufstellungen verdichtet und eine Anzahl signifikanter Kommentare zusammengestellt. Im folgenden fassen wir die Tendenzen knapp zusammen, wobei wir auch auf andere Materialien, wie etwa die Berichte der Sektionen zur Lehre in den sog. speziellen Soziologie auf der Jahreskonferenz 1985 oder einschlägige bereits publizierte Untersuchungsergebnisse anderer Autoren zurückgreifen.

Wir charakterisieren zunächst die Ausbildungseinrichtungen nach der Ausstattung mit Lehrpersonal, nach Studentenzahlen und nach ihrer Stellung in der Universität.

Danach befassen wir uns mit den Prüfungsordnungen, mit dem Lehrangebot und schließlich mit Motivation und Verhalten der Studierenden sowie mit der Nachwuchsförderung.

1. Personelle Ausstattung, Studierende und Stellung der Einrichtungen in der Hochschule

a. Studiengänge und personelle Ausstattung

Die Beurteilung der personellen Ausstattung der Ausbildungseinrichtungen orientieren wir an Bewertungskriterien, die in den Empfehlungen zur Mindestausstattung von der Zentralen Studienreformkommission Politikwissenschaft/Soziologie (71 f.) und in der Stellungnahme der DGS zu diesen Empfehlungen (35 f.) enthalten sind. Während die Empfehlungen der Zentralen Studienreformkommission einen Unterschied zwischen der Diplom- und der Magisterausbildung machen und die personelle Ausstattung für die letztere niedriger ansetzen, geht die Stellungnahme der DGS von einer gleichwertigen Hauptfachausbildung in den beiden Studiengängen aus und sieht die von der Zentralen Studienreformkommission empfohlenen mindestens 6 Professoren- und entsprechenden Mitarbeiterstellen als Schwelle bei der Neueinführung eines Hauptfachstudiengangs bzw. als Ausbauziel bei bestehenden Instituten an, gleichgültig, ob es sich um Diplom- und/oder Magisterausbildung handelt. Als "unverzichtbar" für die Hauptfachausbildung werden 4 - 5 Professoren- und eine entsprechende Anzahl von Mitarbeiterstellen (auch zur Studienberatung und Praktikumsbetreuung) genannt.

Aufstellung 1 faßt die in den Berichten mitgeteilten

Aufstellung 1: Lehrpersonal

	Prof./ Mitarb.	Prof.-St. gestrichen/gefährdet	Mitarb.-St. gestrichen/gefährdet	regelm. Lehrauf.	Ausst./ Anford.
Aachen	3/ 5	nein/k.A.	nein/ja:2	ja	nein
Augsburg	3/ 9	nein/nein	nein/nein	nein	nein
Bamberg	7/11	nein/k.A.	nein/nein	nein	ja
Berlin/FU	17/50	nein/k.A.	ja/ja	ja	k.A.
Bielefeld	29/49	nein/ja	ja:4/ja	nein	ja
Bonn	3/ 3	nein/nein	nein/nein	ja	nein
Bremen	8/20	ja/nein	ja/ja	ja	ja
Darmstadt	5/ 5	nein/nein	nein/ja	ja	k.A.
Dortmund	2/ 4	nein/ja:1	nein/k.A.	nein	k.A.
Duisburg	7/10	nein/k.A.	nein/nein	ja	k.A.
Düsseldorf	2/ 5	nein/k.A.	nein/k.A.	ja	nein
Erlangen	5/ 9	nein/nein	k.A./k.A.	ja	k.A.
Essen	10/ 8	ja:2/ja:1	ja:3/ja	ja	nein
Frankfurt	21/20	nein/k.A.	k.A./k.A.	ja	nein
Gießen	6/ 6	nein/k.A.	ja/ja	ja	ja
Göttingen	8/ 5	nein/ja	ja:3/ja	ja	ja
Hamburg/HWP	5/13	nein/ja:1	nein/ja:3	nein	ja
Hamburg/U	14/12	nein/ja	k.A./ja	ja	ja
Hannover	6/ 8	ja:1/nein	ja:2/ja:1	ja	nein
Heidelberg	4/ 6	nein/nein	k.A./nein	ja	ja
Karlsruhe	1/ 8	ja:1/nein	nein/nein	ja	nein
Kassel	16/ 9	nein/nein	k.A./k.A.	ja	nein
Köln	7/26	k.A./k.A.	k.A./k.A.	k.A.	k.A.
Konstanz	6/ 7	nein/ja	ja:1/ja	ja	ja
Mainz	4/ 8	ja:1/nein	nein/ja:1	ja	ja
Mannheim	8/14	nein/nein	ja:2/nein	ja	ja
Marburg	7/ 9	nein/nein	nein/nein	ja	nein
München/U	4/18	nein/nein	nein/k.A.	ja	nein
Münster	16/17	nein/ja:5	ja/ja:4	k.A.	ja
Nürnberg	3/ 8	nein/nein	nein/nein	ja	nein
Oldenburg	10/ 9	k.A./ja	k.A./k.A.	nein	k.A.
Osnabrück	16/15	ja:7/k.A.	ja:10/k.A.	ja	nein
Paderborn	4/ 3	nein/k.A.	nein/ja	ja	ja
Passau	1/ 1	nein/nein	nein/nein	k.A.	nein
Regensburg	3/ 3	nein/nein	nein/nein	nein	nein
Saarbrücken	5/ 7	nein/ja:2	nein/ja	ja	ja
Stuttgart	1/ 1	nein/nein	nein/nein	ja	nein
Trier	6/ 7	nein/nein	nein/nein	ja	ja
Tübingen	5/ 8	nein/ja:1	nein/ja:1	ja	nein
Würzburg	2/ 3	nein/nein	nein/ja	ja	nein
Wuppertal	10/ 6	nein/ja:1-2	nein/nein	ja	ja

Angaben zur personellen Ausstattung zusammen. Die Angaben über Professorenstellen enthalten auch C 2 - Stellen auf Zeit, soweit sie in den Berichten erwähnt sind. Wieweit die Angaben über Professoren- und Mitarbeiterstellen alle an einem Ausbildungsort vorhandenen Stellen oder nur die in der soziologischen Ausbildungseinrichtung geführten enthalten, können wir nicht mit Sicherheit sagen. Wenn wir in der Aufstellung Angaben über die Lehrkapazität in Semesterwochenstunden (SWS) machen, rechnen wir die Professorenstelle zu 7, die Mitarbeiterstelle zu 4 SWS. Die Angaben lassen eine durchgängige Differenzierung der Mitarbeiterstellen nach Stundendeputat nicht zu, zumal in der Regel auch wissenschaftliche Mitarbeiter in Forschungsprojekten berücksichtigt sind. In der Hauptfachausbildung (Diplom-, Magister-, integrierte Studiengänge) sind 36 Einrichtungen tätig, die sich nach ihrer personellen Ausstattung drei Kategorien zuordnen lassen: (1) 9 relativ gut ausgestattete Einrichtungen mit durchschnittlich 18 Professoren- und 21 Mitarbeiterstellen. (2) 18 Einrichtungen mit 4 - 8 Professoren- und wenigstens 5 Mitarbeiterstellen (im Schnitt 6 bzw. 10 Stellen). Schließlich (3) 9 relativ schlecht ausgestattete Einrichtungen mit 1 - 3 Professoren- und 1 - 9 Mitarbeiterstellen (durchschnittlich 2 bzw. 4 - 5 Stellen). Legte man den "Vorschlag der Deutschen Gesellschaft für Soziologie für die personelle Mindestausstattung" rigide zugrunde, müßten 14, also etwa ein Drittel der Einrichtungen nach ihrem Stellenplan als personell unterausgestattet bezeichnet werden.

Von den 36 Einrichtungen der Hauptfachausbildung haben 12 einen Diplomstudiengang für Soziologie: Bamberg, Berlin FU, Bielefeld, Bremen, Frankfurt, Darmstadt, Hamburg U, Mannheim, Marburg, Regensburg, Saarbrücken und Trier; die letztgenannten sieben bilden auch im Magisterstudiengang aus. Von diesen 12 Einrichtungen liegt nur Regensburg hinsichtlich der Lehrkapazität deutlich unter der Mindestausstattung entsprechend den DGS-Empfehlungen. 12 Einrichtungen bilden Hauptfachsoziologen nur im Magisterstudiengang aus: Aachen, Bonn, Düsseldorf, Erlangen, Heidelberg, Kassel (seit WS 1984/85), Konstanz, Mainz, Münster, Passau, Tübingen und Würzburg. Von ihnen verfügen Aachen, Bonn, Düsseldorf und Passau über weniger als 4 Professorenstellen. In 12 Einrichtungen ist die Soziologenausbildung in wirtschafts- oder sozialwissenschaftliche Studiengänge "integriert": Augsburg, Dortmund, Duisburg, Hamburg HWP, Köln, Nürnberg, Osnabrück, Wuppertal, Gießen, Göttingen, Hannover und Oldenburg; die vier letzterwähnten haben zusätzlich einen Magisterstudiengang eingerichtet. Von den Einrichtungen mit integrierten Studiengängen liegen Augsburg, Dortmund und Nürnberg unter der DGS-Mindestausstattung.

b. Studiengänge und Entwicklung der Studentenzahlen

Bevor wir uns mit der Problematik von Stellenabbau und Stellengefährdung befassen, schieben wir die Angaben über die Studentenzahlen für die Studienjahre 1981/82, 1983/84 und 1985/86 ein. Für die Zahl der 1983 an allen Ausbildungsorten Soziologie als erstes Fach Studierenden und für die Gesamtzahl der Soziologiestudenten 1981 verweisen wir im übrigen auf L. Viehoff. Einige Differenzen konnten wir zugunsten unserer Zahlen aufklären.

Aufstellung 2 zeigt, daß es 1985/86 an den 36 Einrichtungen in der Hauptfachausbildung 8.100 Studierende in Diplom-, 4.756 in Magister- und etwa 5.200 in integrierten

Aufstellung 2: <u>Entwicklung der Studentenzahlen 1981/82, 1983/84, 1985/86</u>

Ausb.-ort	Diplom	Integr. St.-gang	Magister	Lehramt	Nebenf.	Bemerkung
Aachen				--- 223	k.A.	LA eingest.
Augsburg		-- ++ 109			k.A.	
Bamberg	? 116				? 200-300	
Berlin/FU	- 2117					
Bielefeld	-- 1081			-- 436	k.A.	
Bonn			- 226	- 338	+ 506	
Bremen	+++ 122			k.A.	k.A.	
Darmstadt	- 101		+/- 25	k.A.	+++ 65	
Dortmund		200				opt.Schätzung
Duisburg		-- 1736		-- 249	- 1051	
Düsseldorf			++ 220		+++ 492	
Erlangen			- 165	--- 140	++ 466	
Essen				-- 178	k.A.	83/84;85/86
Frankfurt	-- 1006				+ - 592	
Gießen		++ 11	-- 158	k.A.	- 117	85
Göttingen		+/- 909	++ 210	-- 403	+/- 386	
Hamburg/HWP		?				schwankend
Hamburg/U	++ 850		++ 102	-- 348	k.A.	
Hannover		+++ 806	++ 868	-- 465	k.A.	84/85
Heidelberg			- ++ 364		- + 545	NC 83/84
Karlsruhe					+/- 293	84/85;85/86
Kassel			+++ 38	-- 248	+/- 1088	MA 84/85
Köln		k.A.			k.A.	
Konstanz			+ -- 74		+++ 67	GS 608
Mainz			+ - 174		++ 613	
Mannheim	- 360		+++ 11	k.A.	+++ 51	
Marburg	-- 292		-- 32	k.A.	+/- 76	
München/U	-- ++ 614			k.A.	k.A.	NC 79-85
Münster			+++ 538	-- 314	++ 1442	NF 83/84
Nürnberg		-- 206			k.A.	
Oldenburg		+++ - 736	+++ 83	-- 344	k.A.	
Osnabrück		+++ 419	+++ 41		k.A.	LA läuft aus
Paderborn				-- 224	k.A.	
Passau			+ 22	+/- 38	+ 61	84/85;85/86
Regensburg	+/- 121		+++ 116	k.A.	k.A.	
Saarbrücken	++ - 300		+/- 19	k.A.	k.A.	
Stuttgart					+ 163	
Trier	++ 214		+++ 135		k.A.	
Tübingen			- 243		+ - 152	
Würzburg			+++ 52		k.A.	83/84
Wuppertal		+ - 863		k.A.	k.A.	

<u>Erläuterungen</u>
+++ über 50 % Zuwachs; ++ 15-50 % Zuwachs; + 5-15 % Zuwachs; --- über 50 % Rückgang; -- 15-50 % Rückgang; - 5-15 % Rückgang; bei zwei Angaben bezieht sich die obere Zahl auf die Veränderung auf 1983/84, die untere auf die Veränderung auf 1985/86.
Die Zahl 223 bedeutet z.B., daß es im WS 85/86 in Aachen 223 Studierende im Lehramtsstudiengang gab.

Studiengängen (hier fehlen für eine Einrichtung die Angaben) gab. Im WS 1982/83 (Stand: September 1983) studierten an insgesamt 47 Ausbildungseinrichtungen insgesamt 21.160 Personen Soziologie als erstes Fach (Viehoff, 265).

In diesen Zahlen sind zahlreiche "Langzeitstudierende" enthalten, die jedoch in den Lehrveranstaltungen kaum mehr in Erscheinung treten: Nach den Schätzungen einiger Berichterstatter nimmt etwa die Hälfte der eingeschriebenen Studenten nicht an Lehrveranstaltungen teil. So wird z.B. von einer großen Einrichtung berichtet: "Ein erheblicher Teil, der am Institut eingeschriebenen Studenten dürfte primär am Status des Studenten interessiert sein, sowohl wegen der damit verbundenen sozialen Vergünstigungen als auch im Sinn einer wenigstens symbolischen Zugehörigkeit zur universitären Welt"; die Statistik über Studienfälle im Fach Soziologie weist den Anteil der Studierenden mit 12 und mehr Fachsemestern an dieser Einrichtung im WS 1985/86 mit rund 30 % aus. Gründe für die Studienverlängerung werden wir im Zusammenhang mit der Studienmotivation deutlicher herauszuarbeiten versuchen. Wegen der unbekannten Zahl von "Langzeitstudierenden" gehen wir auf die in Aufstellung 2 enthaltenen Tendenzen der Entwicklung der Studentenzahlen nicht mehr ein.

Fast alle Einrichtungen sind noch oder waren bis vor kurzem in die Ausbildung in Lehramtsstudiengängen einbezogen. Wir zählen diese Studiengänge im Rahmen der Enquete, die von der Hauptfachausbildung ausgeht, zur Nebenfachausbildung. Die Zahlen in Aufstellung 2 machen auf die große Bedeutung dieser Ausbildungsgänge für die Einrichtungen aufmerksam, wie auch auf die Umschichtung zuungunsten der Lehramtsstudiengänge. Im Bericht über ein mittelgroßes Institut heißt es dazu: "Während der 1970er Jahre war die Zahl der Studierenden im Fach Sozialkunde zeitweise größer als die der Studierenden im Diplomstudiengang. Inzwischen sind die Anfängerzahlen ... rapide zurückgegangen; die immer noch recht große Zahl eingeschriebener Studenten für den Studiengang Sozialkunde kommt im wesentlichen dadurch zustande, daß die Zahl der Studierenden im 12. und höheren Semester außerordentlich groß ist. Offensichtlich gibt es hier eine große Zahl von Studenten, die nicht mehr beabsichtigen, ein Examen zu machen, die also nur formell eingeschrieben sind. Im Alltag der Lehre im Fachbereich spielen die Studierenden der Sozialkunde fast keine Rolle mehr." Gleichwohl ist von einer offenbar im ganzen zunehmende Bedeutung der Nebenfachausbildung i.e.S. auszugehen, was durch die Zahl der Studierenden angezeigt wird.

Zur Einschätzung der Nebenfachausbildung i.w.S. haben wir Angaben von 15 Einrichtungen, die in der Haupt- und Nebenfachausbildung tätig sind. 8 Berichterstatter halten die Nebenfachausbildung für "recht wichtig", 7 für "weniger wichtig". Eine Interpretation ist wegen der fehlenden Angaben für die übrigen Einrichtungen schwierig. Die Einschätzung "recht wichtig" könnte mit einem hohen Anteil an Nebenfachstudenten zu tun haben, aber auch mit der großen Bedeutung, die Soziologie als Nebenfach an alten Universitäten stets hatte, oder auch mit der institutionalisierten Verpflichtung etwa für die Lehrerausbildung an neuen Instituten. An zwei Einrichtungen, für die die Bedeutung des Nebenfachs eher gering eingeschätzt wird, könnte das mit der im Verhältnis zum Lehrpersonal hohen Anzahl von Hauptfachstudenten zusammenhängen. Für zwei Einrichtungen ist von verstärkten "Nebenfachfunktionen" der Soziologie die Rede. Im Bericht über eine dieser Einrichtungen heißt es, daß sich das Institut für Soziologie "nach dem Rückgang der Lehramtsstudiengänge verstärkt an den sogenannten fachübergreifenden Veranstaltungen für die Diplomstudiengänge der Natur- und Ingenieurwissenschaften beteiligt. Im Zusammenhang mit einem Angebot an fachübergreifenden Veranstaltungen wurde in Zusammenarbeit mit verschiedenen Fachbereichen ... ein Nebenfachstudium im Fach Soziologie entwickelt. ... Das Institut für Soziologie ist generell bestrebt, das Soziologie-Hauptfachstudium trotz der gegenseitigen Schwierigkeiten attraktiv zu halten und gleichzeitig in der Hochschule sichtbar zu machen, daß man auch gewillt ist, Ausbildungsleistungen für andere Studiengänge zu übernehmen. Dies hat sicher dazu beigetragen, daß die Lehrkapazität des Instituts in den letzten Jahren erhalten und sogar noch ausgebaut werden konnte."

c. Eine Klassifizierung der Einrichtungen

Wenn wir die personelle Ausstattung und die Studentenzahlen von 1985/86 zusammenbringen, kommen wir zu einer groben "Größen"-Klassifizierung der Einrichtungen.

"Die großen Drei"

Berlin FU:	319 SWS /	2.117 HF +	? NF/LA[1]
Bielefeld:	399 SWS /	1.081 HF +	? NF/LA
Frankfurt:	387 SWS /	1.006 HF +	? NF/LA

Mittelgroße Einrichtungen:

Duisburg:	93 SWS /	1.736 HF +	1.300 NF/LA
Göttingen:	76 SWS /	1.119 HF +	789 NF/LA
Hamburg U:	146 SWS /	952 HF +	384 NF/LA
Hannover:	72 SWS /	1.674 HF +	465 NF/LA
Köln:	153 SWS /	? +	? NF/LA
München U:	100 SWS /	614 HF +	? NF/LA
Münster:	180 SWS /	538 HF +	1.756 NF/LA
Oldenburg:	106 SWS /	819 HF +	344 NF/LA
Osnabrück:	132 SWS /	460 HF +	? NF/LA
Wuppertal:	94 SWS /	863 HF +	? NF/LA

Kleinere Einrichtungen:

Augsburg:	57 SWS /	109 HF +	? NF/LA
Bamberg:	93 SWS /	116 HF +	ca. 250 NF/LA
Bremen:	136 SWS /	122 HF +	? NF/LA
Darmstadt:	55 SWS /	126 HF +	65 NF/LA
Erlangen:	71 SWS /	165 HF +	606 NF/LA
Essen:	102 SWS /		nur 178 NF/LA
Gießen:	64 SWS /	169 HF +	117 NF/LA
Hamburg HWP:	87 SWS /	? HF +	? NF/LA
Heidelberg:	52 SWS /	364 HF +	545 NF/LA
Kassel:	150 SWS /	38 HF +	1.336 NF/LA
Konstanz:	60 SWS /	74 HF +	67 NF/LA
Mainz:	60 SWS /	174 HF +	603 NF/LA
Mannheim:	112 SWS /	371 HF +	51 NF/LA
Marburg:	85 SWS /	334 HF +	76 NF/LA
Nürnberg:	53 SWS /	206 HF +	? NF/LA
Saarbrücken:	63 SWS /	319 HF +	? NF/LA
Trier:	70 SWS /	349 HF +	? NF/LA
Tübingen:	67 SWS /	243 HF +	152 NF/LA

Einrichtungen mit weniger als 48 SWS:

Aachen:	41 SWS /	840 HF +	223 NF/LA
Bonn:	32 SWS /	226 HF +	844 NF/LA
Dortmund:	30 SWS /	ca.200 HF	
Düsseldorf:	34 SWS /	220 HF +	492 NF/LA
Karlsruhe:	39 SWS /		nur 293 NF/LA
Paderborn:	40 SWS /		nur 224 NF/LA
Passau:	11 SWS /	22 HF +	99 NF/LA
Regensburg:	33 SWS /	237 HF +	? NF/LA
Stuttgart:	11 SWS /		nur 163 NF/LA
Würzburg:	26 SWS /	52 HF +	? NF/LA

1) HF = Studierende im Hauptfach; NF/LA = Studierende im Nebenfach und im Lehramtsstudiengang.

d. Stellengefährdungen und Probleme der Personalallokation

Sehr unterschiedlich stellt sich nach den Berichten die Gefährdung von Stellen für die einzelnen Einrichtungen dar. Während in den letzten Jahren (nur) in Bremen, Essen, Karlsruhe, Hannover, Mainz und Osnabrück Professorenstellen "gestrichen" worden sind, in Osnabrück allerdings gleich 7, (für zwei weitere Einrichtungen fehlen Angaben), sind in 12 Einrichtungen, darunter wieder in Essen, solche Stellen "gefährdet", in Münster und Saarbrücken gleich mehrere; für 10 Einrichtungen fehlen überdies dazu Angaben. Die Gefahr von Stellenstreichungen hat u.a. zur Folge, daß mit einem Ortswechsel verbundene Karrierechancen nicht mehr wahrgenommen werden. Dazu der Berichterstatter einer mittelgroßen Einrichtung: "Auch dort, wo in der Vergangenheit Chancen bestanden, nach auswärts berufen zu werden, wurde davon kein Gebrauch gemacht, weil mit einiger Sicherheit damit zu rechnen war, daß die dann freiwerdende Professorenstelle hier gestrichen wird."

Noch ungünstiger als bei den Professoren ist die Situation bei den Mitarbeitern. Von den 41 erfaßten Einrichtungen berichten 11 über Stellenstreichungen (Angaben für 7 Einrichtungen fehlen); in 18 Einrichtungen sind Stellen gefährdet (für 9 Einrichtungen fehlen dazu Angaben). Besonders betroffen durch Streichungen und Gefährdungen von Mitarbeiterstellen sind Bielefeld, Bremen, Essen, Gießen, Göttingen Hannover, Konstanz, Münster und Osnabrück.

Stellen sind vor allem dann gefährdet, wenn das politisch-administrative Umfeld innerhalb und außerhalb der Hochschule ungünstig ist und die Wissenschaftsbürokratie aus Haushaltsproblemen und rückläufigen Anfängerzahlen ein Argument für den Stellenabbau machen kann. So berichtet ein Korrespondent von "direkte(n) persönliche(n) und telefonisch(n) Aufforderungen" an ehemalige PH-Professoren durch das Ministerium, "die Stelle doch zu verlassen, um an eine der ganz kleinen PHs auf dem Lande umzuziehen". Von einer "konservativen Hochschule" wird berichtet: "Schikanen im Bereich von Berufungen, Stellenbesetzungen und Erstellung des Stellenplans, Lehr- und Studienangelegenheiten, Drittmittel etc. sind an der Tagesordnung. Die Universitätsspitze vermittelt den Eindruck, daß Sozialwissenschaften als eigenständiger Lehr- und Forschungsbereich überflüssig ist, höchstens als Hilfswissenschaften für Volks- und Betriebswirtschaftslehre ihre Funktion hat."

Für den Fall, daß als "gefährdet" eingestufte Stellen gestrichen werden sollten, sind Probleme unterschiedlicher Art absehbar: In bereits unterhalb der Mindestausstattung liegenden Einrichtungen wird die Hauptfachausbildung zunehmend unmöglich, so etwa in Saarbrücken. Die noch vorhandene Mindestausstattung wird unterschritten werden, so in Hannover. Die verbleibende Zahl der Mitarbeiter wird kaum mehr als "entsprechend" bezeichnet werden können, etwa in Göttingen und Darmstadt. Das gilt in anderer Hinsicht auch für Einrichtungen, die mit Professorenstellen recht gut ausgestattet sind, bei denen aber zahlreiche Mitarbeiterstellen gefährdet sind, wie etwa in Bielefeld. Insgesamt läßt sich für manche Einrichtungen bereits ein "resignativer bis pessimistischer Grundton" feststellen, was die Zukunft der Soziologielehre betrifft.

Im Kontext von Stellenstreichungen ist schließlich

festzuhalten, daß fast alle kleineren und kleinen Institute ein Mißverhältnis zwischen der vorhandenen und der nach den Anforderungen in Lehre und Forschung erforderlichen Stellenausstattung konstatieren. Das sind schon 10 von 16 diesbezüglichen Einschätzungen. Das erwähnte Mißverhältnis wird auch für die meisten der von Stellenstreichungen betroffenen und durch sie gefährdeten Einrichtungen festgestellt, abgesehen von einigen relativ gut ausgestatteten Instituten. Schlechter als der Vergleich von Beständen und Mindestausstattung vermuten läßt, stellt sich die Situation in Frankfurt und Tübingen dar: Hier wäre zur Überwindung von Engpässen und zur Bereitstellung eines differenzierteren Lehrangebots mehr Personal erforderlich.

Das verweist auf Allokationsprobleme des Lehrpersonals, die in einigen Berichten auf der Jahreskonferenz 1985 angesprochen wurden, am deutlichsten hinsichtlich der Ausbildung in Methoden und in der Soziologie sozialer Kontrolle: Die Lehrenden sind häufig nur mit einem geringen Teil ihres Deputats in diesen Bereichen tätig, so daß gerade an mittelgroßen und großen Einrichtungen das Lehrangebot nicht so umfangreich und nicht so differenziert ist, wie es sein sollte. Vor allem im Bereich der Methoden wird damit den Studenten ein Desinteresse der Lehrenden signalisiert, das sich bei ihnen als Distanz zur Methodenausbildung niederschlägt. Ein Berichterstatter macht "die faktische Distanz der Mehrzahl der Lehrpersonen gegenüber der herrschenden 'Methodenlehre'" daran fest, "daß nahezu der gesamte Unterricht hier allein von Lehrbeauftragten (in der Regel 2 - 4 Unterrichtsstunden) getragen wird. Und dieser Zustand hat sich seit sicher 15 Jahren erkennbar nicht geändert."

Daß Lehraufträge erteilt werden, um eine unzulängliche Stellenausstattung zu kompensieren, läßt sich im Vergleich von Bestand und Mindestausstattung nur daraus entnehmen, daß von den 5 Einrichtungen mit weniger Stellen als der Mindestausstattung entspricht, die meisten regelmäßig Lehraufträge vergeben. Daß es sich tatsächlich um Maßnahmen zur Erbringung des unerläßlichen Lehrangebots handelt, wird in einigen Berichten betont. Im übrigen hat sich die Überlastung von Professoren und Mitarbeitern in der Lehre vielerorts durch den starken Rückgang der Studierenden im Lehramtsstudiengang vermindert, wie in einem Bericht ausdrücklich vermerkt wird.

Eine Konsequenz der Stellenstreichungen wird in den Berichten kaum zum Thema: Stellenstreichungen im Mittelbau betreffen durchweg Zeitstellen, so daß sich bei einem im letzten Jahrzehnt stark angewachsenen Kontingent von unbefristeten Stellen nun noch der inneruniversitäre Arbeitsmarkt für den Nachwuchs zunehmend verengt. Diese Tendenz war bereits Mitte der 1970er Jahre absehbar (vgl. K.M. Bolte, 9 f.) und hat sich Mitte der 80er Jahre bedrohlich verstärkt (vgl. B. Lutz, 24).

Daß Überleitungen die Situation einzelner, nicht aber die Stellensituation insgesamt verbessern, wird in einem Bericht über die Lage an einer mittelgroßen Einrichtung deutlich: "Drei wissenschaftliche Mitarbeiter sind in Stellen von Hochschulassistenten übergeleitet worden; einer dieser in Hochschulassistentenstellen Übergeleiteter ist inzwischen zum Professor auf Zeit ernannt worden; ein akademischer Rat ist auf die Stelle eines Professors (C 2) übergeleitet worden, schließlich ist ein apl. Professor auf eine C 3-Professur übergeleitet worden. Wir haben einige Assistenten, die schon seit

Beginn der 70er Jahre bei uns beschäftigt sind. Sie sind im Laufe der Zeit durch die mehrfachen Umstellungen des Hochschulrechts bzw. der Personalstruktur immer wieder übergeleitet worden, wobei ihre vorherigen Dienstjahre zum Teil gar nicht, zum Teil nur teilweise angerechnet wurden." Bei steigender Nachfrage nach Mittelbau-Stellen muß im übrigen wohl auch damit gerechnet werden, daß sich die Abhängigkeit der Mitarbeiter von Professoren wieder verstärkt; vereinzelt werden sogar die Prinzipien der alten Ordinarienuniversität durch Mitarbeiter wieder befürwortet.

Was endlich die "Unterbrechung des Ausbaus der Soziologie an etlichen Hochschulen vor Erreichen eines wirklich arbeitsfähigen Standes" (Bolte, ebd.) durch Streichungen von Professorenstellen besonders an relativ gut ausgestatteten Einrichtungen betrifft, ist damit bei dem gegenwärtigen Altersaufbau der Professorenschaft eine akute Bedrohung der personellen Kontinuität des Fachs gegeben: Es gibt bereits eine ganze Reihe von Privatdozenten, die nach dem Ausscheiden aus einer Mittelbaustelle mehrere zeitlich befristete Stellen in der Lehre oder der Forschung innegehabt haben und/oder eine Stelle außerhalb von Lehre und Forschung suchen.

e. Ansehen und Konfliktfähigkeit der Einrichtungen

Zum Abschluß der Beschreibung der Ausbildungseinrichtungen im Fach fassen wir die Einschätzung der Korrespondenten bezüglich deren Stellung in der Universität zusammen. Diese Einschätzungen lassen sich auf zwei Aspekte beziehen: Das Ansehen und die Konfliktfähigkeit, beide relevant in der Auseinandersetzung um knapper werdende Ressourcen. Von den 41 erfaßten Einrichtungen haben wir für 27

Einschätzungen des Ansehens, für 29 solche der Konfliktfähigkeit. Die Bewertungen erfolgen in den beiden Dimensionen im wesentlichen gleichgerichtet; nur in einem Fall wird das Ansehen eher negativ, die Konfliktfähigkeit aber eher positiv bewertet; und in vier Fällen wird die Konfliktfähigkeit negativ eingeschätzt, während eine Einschätzung des Ansehens unterbleibt. Üblicherweise ist auch der "Grad" positiver oder negativer Einschätzungen für beide Dimensionen gleich. Abweichungen davon gibt es nur in drei Fällen: In zweien wird die Konfliktfähigkeit positiver eingeschätzt als das Ansehen, in einem Fall ist es umgekehrt.

Für 14 Einrichtungen werden Ansehen und Konfliktfähigkeit "eher positiv" bewertet. In beiden Hinsichten eine "sehr positive" Einschätzung wird von zwei Einrichtungen gegeben. Für eine der großen Einrichtungen wird das Ansehen sehr positiv ("Anziehungskraft ungebrochen"), die Konfliktfähigkeit dagegen weniger günstig beurteilt. Insgesamt sind von den 27 bzw. 29 Bewertungen 19 bzw. 20 mehr oder weniger positiv. Dem stehen 8 mehr oder weniger negative Einschätzungen des Ansehens und 9 der Konfliktfähigkeit gegenüber. Bemerkenswert ist, daß nur 5 Bewertungen des Ansehens, aber 7 der Konfliktfähigkeit "sehr negativ" sind. Von drei Instituten werden "sehr negative" Einschätzungen auf beiden Dimensionen gegeben. Eines davon berichtet eine "Verschlechterung in jeder Hinsicht". Die ziemlich negative Beurteilung der Konfliktfähigkeit wird für eine Einrichtung mit dem Hinweis auf die übermächtige Konkurrenz der Betriebswirtschaftslehre, für eine andere mit zum Teil massiven Pressionen der Wissenschaftsbürokratie und für eine dritte mit institutsinternen Querelen begründet.

Diese Einschätzungen ergeben ein Stimmungsbild, das in der Gegenüberstellung zu Boltes Feststellungen "einer Minderheitssituation der Soziologen in vielen Fachbereichen" (4) Bedeutung gewinnt. Insgesamt kann man 10 Jahre später vielleicht sagen, daß sich die Stellung vieler Einrichtungen in ihren Hochschulen verbessert haben dürfte: nur in wenigen Berichten wird sie eher pessimistisch eingeschätzt. Das sagt allerdings noch nichts darüber aus, ob diese Verbesserungen des Ansehens und vor allem der Konfliktfähigkeit der Einrichtung ausreichen, einen Bestand an Personal- und Sachmittel zu sichern oder erst zu erreichen, der eine qualifizierte Ausbildung im Haupt- und Nebenfach ermöglicht.

2. Zu den Prüfungsregelungen

Für die Darstellung der Prüfungsordnungen benutzen wir neben den uns von den Korrespondenten übersandten Materialien auch den Bericht, den L. Vaskovics über die Ergebnisse einer Erhebung der Ständigen Kultusministerkonferenz auf der Sitzung von Vorstand, Ausschuß und Landesbeauftragten für Lehre im Februar 1984 gegeben hat, sowie den Bericht über "Prüfungsanforderungen sozialwissenschaftlicher Studiengänge an bundesdeutschen Hochschulen", der für die Zentrale Studienreformkommission Politologie/Soziologie erarbeitet wurde (Link, 60 ff.).

Was die Ausbildungseinrichtungen in der Hauptfachausbildung angeht, die nur den Diplomstudiengang für Soziologie haben, werden bei der Beschreibung der Prüfungsregelungen von uns - ebenso wie von Link - 6 Einrichtungen berücksichtigt. 12 Ausbildungseinrichtungen haben nach unserer Erhebung nur den Magisterstudiengang; der Unterschied zu den Zahlen von Link besteht hauptsächlich darin, daß dieser zusätzlich die Magisterstudiengänge in Berlin TU, Eichstädt, Freiburg und Siegen aufnimmt, von denen wir keine Berichte erhalten haben, und die Neueinrichtung von Magisterstudiengängen in Kassel und Paderborn noch nicht einbezogen hat. Hinsichtlich der Einrichtungen mit beiden Studiengängen, Diplom und Magister, deckt sich unser Befund mit demjenigen von Link: 7 Ausbildungseinrichtungen. 9 Einrichtungen bilden Soziologen nach unserer Erhebung auch in einem integrierten Diplomstudiengang aus (zum Sozialwissenschaftler oder Sozialwirt oder Volkswirt sozialwissenschaftlicher Richtung); auch bei Link sind es 9 Einrichtungen, nur daß er Lüneburg berücksichtigt, von wo wir keine Informationen haben, Hamburg HWP dagegen ausdrücklich ausklammert. An 4 Einrichtungen mit integrierten Studiengängen gibt es nach unseren Unterlagen darüber hinaus einen Magister- oder Diplomstudiengang; hier erfaßt Link zusätzlich die Universitäten Bochum und Kiel, irrtümlich auch Augsburg. Schließlich berücksichtigen wir im Unterschied zu Link 4 Ausbildungseinrichtungen, an denen es keine Hauptfachausbildung in Soziologie gibt; die Aufstellung von Siefer enthält zusätzlich zu den von uns erfaßten Einrichtungen Berlin TU und Braunschweig TU.

Wir befassen uns zunächst mit den Prüfungsregelungen für die Diplomstudiengänge, wobei wir, wie Link, den Unterschied zwischen den integrierten und denen für Soziologie außer Betracht lassen. Danach sprechen wir über die Regelungen für die Magisterstudiengänge.

a. Prüfungsregelungen in den Diplomstudiengängen

Hinsichtlich der Diplomstudiengänge ist zunächst zu

bemerken, daß praktisch alle Prüfungsordnungen in den letzten 5 Jahren überarbeitet worden sind oder sich in Überarbeitung befinden. Von den 25 erfaßten Einrichtungen mit Diplomstudiengang ist nur in Saarbrücken noch eine Prüfungsordnung aus 1967 in Kraft; die mehrfach geänderte Bielefelder Ordnung stammt aus dem Jahre 1971, die Dortmunder aus 1978. Nach Vaskovics wurden an 8 Einrichtungen Diplomprüfungsordnungen noch nach 1980 erstmals eingeführt; aus unserem Material läßt sich dazu nichts sagen. Die Berichte geben den Eindruck, daß es sich bei den Überarbeitungen weniger um Tendenzen zur "Härtung" des Diplomstudiengangs handelt als um Bemühungen zur Erhöhung der Regelungsdichte. Für immerhin 12 der Einrichtungen wird die geltende Prüfungsordnung als "bewährt" eingeschätzt, für nur zwei als "nicht bewährt". Dabei machen die Korrespondenten ihre Kriterien einer "guten" Ausbildung zumeist nicht explizit. Einige sehen sich zu einer Einschätzung auch nicht in der Lage, weil noch keine Erfahrungen vorliegen.

Die Zwischen- oder Diplomvorprüfung ist vor allem mit Blick auf ihre Auswahl- oder Steuerungsfunktion und wegen der Fächerkombination in der Diskussion. Wir stellen für die 25 erfaßten Einrichtungen zunächst fest, daß alle Prüfungsordnungen mit Ausnahme der von Göttingen und Hamburg HWP eine Vorprüfung vorsehen; in Göttingen sind entsprechende Regelungen in Vorbereitung. Hinsichtlich der Gestaltung der Vorprüfung finden wir die nur punktuelle Prüfung in 13 Einrichtungen, die nur gleitende in 4, und in 5 Einrichtungen eine Kombination davon. Die als Zulassungsvoraussetzung bzw. als Prüfungsleistung verlangten Nachweise liegen bei punktueller wie bei gleitender Prüfung bei 2 - 10, im Schnitt bei 5 Scheinen; 4 Einrichtungen verlangen

2 - 3, 5 verlangen 7 - 10 Scheine. Über die Kriterien, nach denen Leistungsnachweise erteilt werden, ist den Berichten nichts zu entnehmen. Von den 18 Einrichtungen mit punktueller Vorprüfung ist diese in 9 Fällen als Klausur (eine vierstündige oder mehrere zweistündige), in zwei Fällen als mündliche Prüfung und in einem Fall als Beratungskolloquium ausgestaltet; in drei Fälle wird eine schriftliche oder mündliche Leistung mit einer Hausarbeit kombiniert. Für 5 Einrichtungen fehlen Angaben zur Ausgestaltung der mündlichen Vorprüfung. Die Vorprüfung kann durchweg zwischen dem 4. und dem 6. Fachsemester abgelegt werden, in einem Fall bereits nach dem 3. Sie kann in der Regel zweimal wiederholt werden.

Hinsichtlich der Auswahlfunktion war ein Stichwort für die Korrespondenten die Frage, ob die Diplomvorprüfung "hart" sei. Bejaht wurde diese Frage nur für Augsburg, Bamberg, Mannheim, Nürnberg, Regensburg und Wuppertal. Unter den verschiedenen Prüfungsleistungen wurde von einigen Berichterstattern der Methoden/Statistik-Klausur in der punktuellen Prüfung ein hoher Auswahleffekt zugeschrieben; einen solchen Effekt dürfte wohl auch die Klausur in den Wirtschaftswissenschaften haben, wo diese Wahlpflichtfach sind. Für 12 Einrichtungen wurde eine "harte" Vorprüfung ausdrücklich verneint. An einigen Einrichtungen hat die Vorprüfung deutlich beratenden Charakter (Bielefeld, Frankfurt, Marburg). Vor allem hinsichtlich der Fächerkombinationen unterstreichen wir die Feststellung von Link (16), daß "die Prüfungsbestimmungen ... einer ganz beträchtlichen Binnenvariation schon zum Vordiplom unterliegen." Auch auf eine seiner Schlußfolgerungen möchten wir hinweisen: Eine "einheitliche Basiskompetenz" der Studierenden ist in der Hauptfachausbildung für Soziologen schon von der Vielfalt der Regelungen her nicht möglich.

Nun zu den Prüfungsfächern. Ihre Zahl schwankt nach Vaskovics zwischen einem und 6, nach unserem Material liegt der Schwerpunkt wohl bei 4 Fächern. In 16 der von uns erfaßten 23 Prüfungsordnungen ist Wirtschaftswissenschaft und Statistik obligatorischer Prüfungsbestandteil (Augsburg, Bamberg, Darmstadt, Dortmund, Frankfurt, Hamburg U, Köln, Marburg, München, Nürnberg, Oldenburg, Osnabrück, Regensburg, Saarbrücken, Trier und Wuppertal). Das sind vor allem die integrierten Studiengänge; bei einigen von ihnen (Augsburg, Dortmund, Köln, Wuppertal) sind auch Teile der Rechtswissenschaft obligatorischer Prüfungsbestandteil. Die Berichte zeigen aber auch, daß diese Kombination selbst in den traditionellen integrierten Studiengängen zugunsten größerer Wahlmöglichkeiten "aufgeweicht" wird: Weniger Teile der Wirtschaftswissenschaften und mehr Teile vor allem der Psychologie/Sozialpsychologie. Letztere ist in Hannover, Marburg, München und Wuppertal obligatorisch. In den neueren integrierten Studiengängen, die Sozialwissenschaftler ausbilden, ist dagegen nur selten ein Teil der Wirtschaftswissenschaften obligatorisches Vorprüfungsfach. Eine ganze Reihe von Prüfungsordnungen sehen eine Fülle von Wahlmöglichkeiten in den nicht-soziologischen Fächern vor oder haben die Tendenz, nur die soziologischen Aspekte solcher Gebiete (z.B. Wirtschaftssoziologie statt Wirtschaftswissenschaften) zu verlangen.

Forschungs- und Berufspraktika werden durchweg für wichtig erachtet, was das Lehrangebot zeigt. Aber nur 6 Diplomprüfungsordnungen haben <u>Forschungs</u>praktika als obligatorische Studienbestandteile ausgewiesen:

Bamberg, Bielefeld, Marburg, München, Nürnberg und Wuppertal. Forschungspraktika finden sich in vielfältigen Formen: Von der einsemestrigen Übung im Grundstudium zu den Methoden der empirischen Sozialforschung bis hin zur mehrsemestrigen Lehrforschung im Hauptstudium. Berufspraktika werden generell empfohlen, aber nur recht selten angeboten. Die Berichte betonen die Schwierigkeiten, die der Einführung von obligatorischen Berufspraktika im Wege stehen: Mangel an Kenntnis des Berufsfeldes, Mangel an Praxiskontakten, Mangel an Personal zur Betreuung, aber auch eine gewisse Skepsis der Lehrenden gegenüber der Berufsfeldorientierung der Ausbildung. Der Berichterstatter für ein kleineres Institut erwähnt, daß beim Arbeitsamt die Einrichtung einer ABM-Stelle zur Vermittlung und zur wissenschaftlichen Betreuung der Berufspraktika beantragt wurde.

In der Diplomhauptprüfung schwankt die Zahl der als Zulassungsvoraussetzung geforderten Leistungsnachweise zwischen einem und 10, durchschnittlich sind es 5. Überall ist eine Diplomhausarbeit Prüfungsbestandteil. Die (formelle) Bearbeitungsdauer beträgt 3 - 9 Monate, mit Schwerpunkt bei 6 Monaten. Die Berichterstatter machen aber immer wieder darauf aufmerksam, daß die Studierenden dazu tendieren, zunehmend früher mit der Bearbeitung des Themas zu beginnen und zunehmend umfangreichere Arbeiten einzureichen. Bis auf Bielefeld, wo Prüfungsleistungen generell nur dann benotet werden, wenn der Kandidat dies wünscht, sehen alle Prüfungsordnungen die obligatorische Benotung vor. Dabei geht die Diplomarbeit mit 17 - 67 % in die Gesamtnote ein. Weitgehend unabhängig von derartigen Gewichtungen haben 14 der 25 Berichterstatter eine Einschätzung der "Relevanz" der Diplomarbeit im Rahmen des Studiums und des

Studienabschlusses gegeben. Diese Relevanz wird für Bamberg, Bielefeld, Bremen, Gießen, Göttingen, Marburg und München sehr hoch eingeschätzt; für Darmstadt, Duisburg, Frankfurt, Hamburg U, Hannover, Mannheim und Saarbrücken ist wohl die Einschätzung eines Korrespondenten typisch, der zufolge "die Bedeutung der Diplomarbeit als 'Gesellenstück' mit oft beabsichtigter berufspraktischer Signalwirkung" zunimmt. Insgesamt ist sehr wahrscheinlich, daß der Diplomarbeit mit Blick auf die Auswahlfunktion vor allem dann ein großes Gewicht zukommt, wenn die Steuerungsfunktion der Vorprüfung gering eingeschätzt wird. Die Ausgestaltung der übrigen Teile der Diplomhauptprüfung gibt einen Hinweis auf einen der Gründe für eine große Bedeutung der Diplomarbeit: Unter den fünf Einrichtungen, deren Prüfungsordnung nur eine mündliche Prüfung vorsieht, sind immerhin drei, die der Diplomarbeit ein besonders großes Gewicht beilegen: Bielefeld, Bremen und Gießen. Die beiden anderen, Hannover und Darmstadt, gehören allerdings zu den 15 Einrichtungen, die Klausuren und mündliche Prüfung kombinieren.

Der Katalog der Pflicht- oder Wahlpflichtfächer in der Diplomhauptprüfung bestätigt den Eindruck, der sich schon aus der Fächerkombination der Vorprüfung ergeben hat: Teile der Wirtschaftswissenschaften sind in der Diplomhauptprüfung immer noch in 12 Prüfungsordnungen obligatorisch, vor allem natürlich in den traditionellen, aber auch in neueren integrierten Studiengängen, sowie im Diplomstudiengang für Soziologie etwa in Regensburg. Daneben scheint sich ein anderer Typ von Fächerkombination zu etablieren, der den Studierenden die Wahl läßt zwischen Wirtschaftswissenschaften, Psychologie oder Politologie, so etwa in Marburg, wo die Prüfungsordnung Volkswirtschaftslehre oder Betriebswirtschaftslehre oder Psychologie als Pflichtwahlfächer vorsieht; sichtbar ist es auch in München und Saarbrücken, andeutungsweise in Berlin und Frankfurt. Insgesamt ergibt sich der Eindruck, daß auch dort, wo die Rahmenordnung der 60er Jahre die Kombination von Soziologie mit Wirtschaftswissenschaften vorsah, diese Verbindung zunehmend zugunsten von Wahlmöglichkeiten, vor allem mit Psychologie/Sozialpsychologie, an Bedeutung verliert. Im übrigen unterstreichen wir die Feststellung Links, "daß ein Kernbestand prüfungsrelevanter Fächer in der Soziologie nicht existiert" (80).

Eine Möglichkeit zukünftiger Regelung in der Hauptfachausbildung könnte in der "Aufsplittung" des Hamburger Diplomstudiengangs in zwei Studienrichtungen vergegenwärtigt sein: "A mit sehr großer Ausrichtung auf die ökonomischen Fächer (mindestens 2 von 3 nicht-soziologischen Fächern); B mit sehr weiter Kombinationsmöglichkeit im Bereich der früheren philosophischen Fakultät." Die Einführung dieser beiden Studiengangsvarianten geht auf studentische Einflußnahme zurück. Die Richtungen werden von den Studierenden sehr unterschiedlich frequentiert: "Bei Studienanfängern wird zur Zeit die 'ökonomische' Richtung nur zu ca. 10 % gewählt, obwohl in der Studienberatung das gesteigerte Risiko eines 'philosophischen' Diplomabschlusses nicht verschwiegen wird."

b. Prüfungsregelungen im Magisterstudiengang

Gehen wir zum Magisterstudiengang über, so ist zunächst zu bemerken, daß es, anders als in den Diplomstudiengängen, typischerweise keine eigene Magisterprüfungsordnung der einzelnen Einrichtungen gibt, sondern nur die Prüfungsordnung der Fachbereiche der (ehemaligen) philosophischen Fakultät. Eine solche Ordnung ist z.B. in Münster Grundlage für die Prüfungen in mehr als 30 Fächern. Das dürfte auch im wesentlichen erklären, warum die Prüfungsordnungen von den Berichterstattern der Einrichtungen, die nur den Magisterstudiengang führen, fast durchweg für "bewährt" gehalten werden, obwohl hier, kaum anders als für die Diplomstudiengänge, viele Prüfungsordnungen in den letzten 4 Jahren geändert worden sind: Die Regelungsdichte dieser Magisterprüfungsordnungen ist notwendig gering, so daß sie die Ausfüllung durch Einzelregelungen zulassen, die sich an den speziellen Interessen der betreffenden Einrichtung orientieren. Insofern sind die Magisterprüfungsordnungen "flexibler" als die Diplomprüfungsordnungen.

Das bedeutet aber auch, daß uns hier weniger und nicht sehr aussagekräftige Informationen über die Regelungen zugänglich sind. Von den 20 Einrichtungen, an denen (auch) ein Magisterstudiengang besteht, haben wir für 7 so gut wie keine Angaben und zwar für Bonn, Düsseldorf, Marburg, Münster, Saarbrücken und Trier; von Düsseldorf wissen wir nur, daß eine Zwischenprüfung nicht vorgesehen ist, auch nicht im Neuentwurf der Prüfungsordnung. In München ist der Magisterstudiengang de facto, aber nicht de jure eingestellt.

Unter den verbleibenden 13 Einrichtungen sind 11, deren Magisterprüfungsordnung eine <u>Zwischen</u>prüfung vorsieht; für Regensburg und Würzburg fehlen Angaben. Die Informationen sind allerdings viel dürftiger als für die Diplomprüfungsordnungen. Punktuelle Prüfungen sind vorgesehen in Aachen, Erlangen, Göttingen, Kassel und Passau; gleitende in Hamburg U, Hannover, Heidelberg, Konstanz,

Mainz und Tübingen. Zulassungsvoraussetzung oder Prüfungsleistung sind 2 - 9 Leistungsnachweise, im Schnitt auch hier 5; in 5 der 11 Prüfungsordnungen werden 4 - 6 Scheine verlangt. Über die Gestaltung der Prüfungen gibt es nur bruchstückhafte Informationen. So ist die punktuelle Prüfung in Passau schriftlich und mündlich sowie in Verbindung mit einer Hausarbeit; auch die gleitende Prüfung in Tübingen wie die punktuelle mündliche in Göttingen wird mit einer Hausarbeit kombiniert. Für Aachen, Erlangen und Göttingen betonen die Berichte den eher beratenden Charakter der Zwischenprüfung. So gut wie keine Informationen haben wir über Kriterien für die Vergabe von Leistungsnachweisen, Fristen für die Ablegung der Zwischenprüfung, Wiederholungsmöglichkeiten oder Fächerkombinationen.

Was für die Auswahlfunktion in der Diplomvorprüfung gilt, dürfte mindestens im gleichen Maße auch für die Zwischenprüfung gelten. Nur die gleitende Zwischenprüfung in Heidelberg wird vom Berichterstatter als "hart" eingeschätzt; für Aachen, Erlangen, Hamburg, Hannover und Mainz wird dies ausdrücklich verneint. Dabei sei vermerkt, daß die Berichterstatter für die Einrichtungen, die sowohl einen Diplom- als auch einen Magisterstudiengang haben, bei ihrer Einschätzung entweder nur den ersteren im Blick haben oder keinen Unterschied zwischen Vordiplom und Zwischenprüfung machen; das gilt für Hamburg, Hannover, Marburg und Regensburg.

Der Hamburger Bericht macht ausdrücklich darauf aufmerksam, daß die "inhaltlichen Anforderungen" die gleichen sind wie bei der Diplomvorprüfung. Wieweit das generalisiert werden kann, läßt sich nach den Berichten nicht sagen. Wir wissen vor allem nichts über die Methodenanteile in Magisterstudiengängen, die in einer Einrichtung neben einem Diplomstudiengang bestehen. Ein Indikator für die Gleichwertigkeit der Hauptfachausbildung im Magisterstudiengang könnte sein, daß in Heidelberg, Konstanz, Marburg, Regensburg und Tübingen ein Forschungspraktikum obligatorisch ist; nur in Erlangen und in Mainz ist das nicht der Fall. Über dessen Ausgestaltung haben wir keine anderen Informationen als die bereits im Zusammenhang mit dem Diplomstudiengang mitgeteilten.

Über die Gestaltung des Magisterexamens gibt es Angaben für 12 Einrichtungen. Zulassungsvoraussetzungen sind 3 - 7, durchschnittlich 4 Leistungsnachweise. Eine Magisterarbeit ist überall Prüfungsbestandteil. Hinsichtlich Bearbeitungszeit und Umfang dürfte das gleiche wie für die Diplomarbeit gelten. Für 6 Einrichtungen haben wir Angaben zur Benotung. Danach geht die Magisterarbeit mit 17 - 50 % in die Gesamtnote ein. Wieweit die Benotung der verschiedenen Prüfungsteile obligatorisch ist, wissen wir nicht. Von den Berichterstattern haben wir für 8 Einrichtungen Einschätzungen zur Bedeutung der Magisterarbeit im Studienabschluß (wobei auch hier unterstellt wird, daß die Einschätzugen für Diplom- und Magisterarbeiten gleichermaßen gelten, wenn beide Studiengänge an einer Einrichtung bestehen). "Sehr hoch" wird das Gewicht der Magisterarbeit in Aachen, Göttingen, Heidelberg, Mainz und Marburg gesehen; große Bedeutung wird ihr auch in Hamburg und Hannover beigemessen. Im ganzen hat man den Eindruck, daß die Magisterarbeit etwas stärker als Auswahlmechanismus fungiert denn die Diplomarbeit. Der Korrespondent einer Eirichtung mit Diplom- und Magisterstudiengang schreibt aber auch, daß es seiner "persönlichen Auffassung (nach) insbesondere bei den 'Magisterarbeiten' eine Neigung zu tendenziell positiverer Bewertung" gebe.

Was die Ausgestaltung der übrigen Teile der Magisterprüfung anbelangt, besteht in neun Einrichtungen die Prüfung aus Klausur und mündlicher Prüfung, wobei der Umfang sich von einer Klausur und einer mündlichen Prüfung bis zu 3 Klausuren und 3 mündlichen Prüfungen erstreckt. Schriftlich und mündlich wird in Aachen, Erlangen, Hamburg, Heidelberg, Kassel, Konstanz, Passau, Regensburg und Tübingen geprüft, nur mündlich in Göttingen, Hannover, Mainz und (wahrscheinlich) Würzburg. Dabei erstreckt sich die mündliche Prüfung auf ein bis drei Fächer.

Insgesamt bestätigt unser Material die Feststellung Vaskovics' und Links, daß die Vielfalt der Regelungen in den Diplomstudiengängen zunimmt und der gemeinsame Kern kleiner wird und daß dies a fortiori auch für den Magisterstudiengang gilt. Man kann hinzufügen, daß die Soziologielehre mit Blick auf die Prüfungs- (wie auch die Studien-)Ordnungen entscheidend durch lokale Interessen bestimmt wird - in dem Rahmen, den die Wissenschaftsbürokratien dafür setzen. Zwar könnten sich aus der Arbeit der Studienreformkommissionen Vereinheitlichungen ergeben, doch bleibt abzuwarten, wieweit solche Regelungen sich de facto an den einzelnen Einrichtungen durchsetzen werden und, soweit sie sich durchsetzen, ob sie eine Entwicklung des Fachs mit Blick auf den Erwerb von Basiskompetenzen, Außendarstellung und Sicherung der Mobilitätsfähigkeit zu fördern geeignet sind.

3. Zum Lehrangebot

Zum Lehrangebot liegt die Untersuchung von V. Heitbrede

vor, die die Vorlesungsverzeichnisse für das Wintersemester 1984/85 und das Sommersemester 1985 ausgewertet und mit den Ergebnissen der Untersuchung von R. Klima verglichen hat. Beide Untersuchungen verwenden die gleiche Klassifikation der Lehrveranstaltungen, unterscheiden sich aber hinsichtlich des Umfangs der einbezogenen Ausbildungseinrichtungen: Klima hat nur das Angebot an wissenschaftlichen Hochschulen untersucht, Heitbrede bezieht auch noch andere Hochschulen ein. Für die von uns untersuchten Ausbildungseinrichtungen haben wir die Vorlesungsverzeichnisse für das Wintersemester 1985/86 und das Sommersemester 1986 ausgewertet und dabei im wesentlichen die gleiche Klassifizierung wie Heitbrede verwendet. Die Differenz zu dieser Untersuchung liegt darin, daß wir für einen bestimmten Ausbildungsort nur die Angebote der soziologischen Ausbildungseinrichtung (und die natürlich nur für 41 Einrichtungen) erfaßt haben. Wegen der Veränderungen im Ausbildungsangebot bringt die Benutzung der von Klima sehr pragmatisch konzipierten und wahrscheinlich bereits für die Lehrverhältnisse der frühen 70er Jahre nicht mehr ausreichend differenzierten Klassifizierung für unser Material einen hohen Anteil an "sonstigen" Angeboten mit sich: knapp ein Viertel. Wir beschreiben zunächst die Verteilung der Lehrveranstaltungen auf die verschiedenen Ausbildungseinrichtungen und danach die Verteilung auf verschiedene Lehrgebiete; sodann behandeln wir einige spezielle Problempunkte.

a. Das Lehrangebot nach Einrichtungen

In unserem Material ist das Lehrangebot von 39 Einrichtungen erfaßt (für Darmstadt und Hamburg HWP fehlen Angaben). Danach wurden 1985/86 3.643 Veranstaltungen angeboten. Heitbrede zählte an den wissenschaftlichen Hochschulen 1985 3.817 und an allen erfaßten Hochschulen 5.682 Veranstaltungen. Was die Verteilung des Angebots auf die Ausbildungseinrichtungen betrifft, zeigen sich in unserem Material ganz ähnliche Tendenzen wie bei Heitbrede (vgl. Aufstellung 3): 9 Einrichtungen bieten die Hälfte aller Lehrveranstaltungen an (1.858), die "Großen Drei" allein ein Viertel. Die anderen sechs Einrichtungen sind: Osnabrück, Wuppertal, Hamburg U, Oldenburg, Hannover und München. Aus der Kategorie der "mittelgroßen" Einrichtungen gehören also nur Duisburg, Göttingen, Köln und Münster nicht zum Kreis der "großen" Anbieter. Vor diesen liegen noch zwei kleinere Einrichtungen: Marburg und Bamberg, deren Abstand zum kleinsten "Großanbieter": München U, noch dazu minimal ist. Das zeigt, daß die oben errechnete Lehrkapazität allenfalls ein sehr grober Anhaltspunkt für die Einschätzung des Lehrangebots ist. Die Differenzen könnten mit Serviceleistungen für andere Fächer oder einer ausgeprägten Forschungsorientierung zu tun haben.

b. Das Lehrangebot nach Lehrgebieten

Was die Verteilung des Lehrangebots auf die verschiedenen Lehrgebiete anlangt, stellen wir, wieder tendenziell gleichartig mit der Untersuchung von Heitbrede, eine deutliche Konzentration auf wenige Gebiete fest: Fast 60 % des Angebots entfällt auf 10 Gebiete, mit Methoden (13,5 %) und Theorie (10 %) auf den ersten beiden Plätzen. Die anderen Gebiete sind: Wirtschaftssoziologie (8 %), Einführungen, Entwicklungssoziologie, Kultursoziologie, Makrosoziologie, politische Soziologie und Familie-Jugend-Frauen (alle mit etwa 4 %). Die Rangordnung der Lehrgebiete enthält im Vergleich mit den Untersuchun-

Aufstellung 3: "Rangordnung" der Ausbildungseinrichtungen nach dem Umfang des Lehrangebots

1.	Frankfurt:	336	(3: 319)[1]
2.	Bielefeld:	317	(1: 383)
3.	Berlin FU:	288	(2: 335)
4.	Osnabrück:	188	(11: 105)
5.	Wuppertal:	171	(13: 100)
6.	Hamburg U:	149	(4: 162)
7.	Oldenburg:	145	(9: 121)
8.	Hannover:	119	(7: 138)
9.	München:	110	(6: 144)
10.	Marburg:	107	(5: 91)
11.	Bamberg:	105	(33: 45)
12.	Münster:	101	(8: 119)
13.	Augsburg:	95	(30: 51)
14.	Köln:	78	(22: 75)
15.	Dortmund:	76	(5: 150)
16.	Göttingen:	75	(14: 98)
17.	Trier:	74	(29: 52)
18.	Saarbrücken:	73	(21: 77)
19.	Konstanz:	71	(15: 91)
20.	Gießen:	70	(8: 119)
21.	Aachen:	68	(24: 74)
22.	Bremen:	67	(13: 99)
23.	Duisburg:	65	(12: 103)
24.	Mannheim:	65	(18: 79)
25.	Würzburg:	63	(27: 60)
26.	Tübingen:	62	(18: 79)
27.	Essen:	62	(17: 84)
28.	Mainz:	61	(12: 102)
29.	Kassel:	60	(15: 90)
30.	Heidelberg:	57	(26: 62)
31.	Nürnberg:	54	(8: 119)
32.	Erlangen:	53	
33.	Bonn:	51	(18: 79)
34.	Paderborn:	47	(27: 56)
35.	Düsseldorf:	43	(28: 53)
36.	Regensburg:	36	(33: 47)
37.	Karlsruhe:	28	(35: 31)
38.	Stuttgart:	26	(34: 34)
39.	Passau:	10	(39: 14)

1) In Klammern die Angaben von Heitbrede, Tab. 15 für 1985.

gen von Klima und Heitbrede Aufstellung 4.

Interpretiert man Veränderungen von mehr als fünf Positionen als "groß", so deckt sich unser Befund mit demjenigen von Heitbrede (1985, Datenbasis Klima) vor allem mit Blick auf den starken Rückgang von Erziehungssoziologie; in unserem Material fällt sie von Platz 3 auf Platz 11, nach den Daten von Heitbrede auf Platz 14. Hier wie im folgenden gilt für die Interpretation der Rangunterschiede, daß wir nur die Angebote der soziologischen Ausbildungseinrichtungen erfassen, Heitbrede dagegen alle soziologischen Angebote an einem Ausbildungsort.

Die von Heitbrede konstatierte "'Entpolit-Ökonomisierung' der Soziologielehre" (128), festgemacht an einer "Rangverschlechterung" um zehn Plätze: vom 16. auf den 26., können wir in unserem Material nicht in diesem Ausmaß feststellen; bei uns fällt dieses Lehrgebiet lediglich auf Platz 20. Dies gilt auch für den "Einbruch" im Bereich der Wissenschaftstheorie: sie fällt bei Heitbrede von 11 auf Platz 22.5, in unserem Material nur geringfügig auf Platz 13. Umgekehrt stellen wir einen "großen" Rückgang von Regionalsoziologie von Platz 4 auf 12 fest, der in der Untersuchung von Heitbrede sehr viel geringer ausfällt: von Platz 4 auf Platz 8. Die beträchtliche Differenz in der Einschätzung der Rangverschiebung von Medizinsoziologie ergibt sich natürlich daraus, daß wir die soziologischen Lehrangebote medizinischer Ausbildungseinrichtungen nicht erfaßt haben. "Verbesserungen" um mehr als fünf Plätze zeigen sich in unserem Material für die Kultursoziologie (vom 15. auf den 5. Platz) und für "soziale Institutionen und Organisationen" (vom 20. auf den 14. Platz); bei Heitbrede

Aufstellung 4: Rangordnung der Lehrgebiete nach Umfang des Lehrangebots: Enquetedaten im Vergleich zu Klima 1975, Heitbrede 1985 auf Datenbasis Klima und Heitbrede 1985[1)]

Enquete	Klima 1975	Heitbrede 1985/I	Heitbrede 1985/II
1. Methoden	1	1	1
2. Theorie	2	2	4.5
3. Wirtschaftssoz.	5	3	6
4. Einführungen	8	6	4.5
5. Kultursoziologie	15	12	11.5
6. Entwicklungssoz.	10	11	17
7. Polit. Soziologie	7	4	9
8. Makrosoziologie	9	7	10
9. Familie/ Jugend/ Frauen	14	9	3
10. Sozialpsychologie	6	5	2
11. Erziehungssoz.	3	14	7
12. Regionalsoziologie	4	8	14.5
13. Wissensch. theorie	11	22.5	24
14. Institutionen/ Organisationen	20	20	18
15. Soziale Prozesse	17	18	16
16. Soziale Probleme	13	15	11.5
17. Wissensch. Soziol.	21	16	25
18. Schichtung/Mobilität	18	21	14.5
19. Sozialpolitik	24	25	21.5
20. Polit. Ökonomie	16	26	29
21. Religionssoz.	23	22.5	23
22. Rechtssoziologie	19	17	26.5
23. Medizinsoziologie	12	10	19
24. Sportsoziologie	25	19	19
25. Soziol. als Beruf	29	30	28

1) Heitbrede, Tab. 17. Zur Klassifizierung der Lehrveranstaltungen vgl. Heitbrede, bes. 108 f. und Klima, 226 ff.

fallen diese Verbesserungen sehr viel geringer aus: vom 15. auf den 12. Platz bzw. gleichbleibend auf dem 20. Platz. Dagegen stellt Heitbrede eine "große" positive Rangverschiebung für die Sportsoziologie um sechs Plätze fest (vom 25. auf den 19. Platz), die nach der Enquete ihren Platz kaum verbessert; das dürfte auch hier damit zusammenhängen, daß wir nur die Lehrangebote der soziologischen Ausbildungseinheiten ermittelten.

Was nun das Verhältnis von Theorie- und Methodenangebot betrifft, können wir, anders als Heitbrede, weder ein Übergewicht des Methodenangebots in Einrichtungen feststellen, die nur einen Diplomstudiengang haben, noch des Theorieangebots in Einrichtungen nur mit Magisterstudiengang. Ein auffälliges Methodenübergewicht findet sich bei uns im Angebot der meisten Einrichtungen mit integrierten Studiengängen. Insgesamt haben wir den Eindruck, daß der relative Gehalt von Theorie bzw. Methoden vor allem örtliche Interessen in der Ausbildung widerspiegelt. Von den "Großen Drei" scheint Bielefeld stärker auf Theorie, Berlin und Frankfurt stärker auf Methoden orientiert zu sein. Gemessen am relativen Anteil des einen oder anderen Lehrgebiets am Lehrangebot könnte man für Gießen, Heidelberg und München ein gewisses Übergewicht im Theorie-, für Bamberg, Köln, Trier und Wuppertal ein solches des Methodenangebots feststellen.

Nach der Untersuchung von Heitbrede sind etwa zwei Drittel der Methodenveranstaltungen solche über "Methoden der empirischen Sozialforschung"; Statistik und Datenverarbeitung haben eher ergänzenden Charakter; es wird im wesentlichen Grundwissen vermittelt. Nach der Untersuchung von G. Hofmann wurden 1983/85 drei Fünftel der Methodenveranstaltungen im Grundstudium angeboten, und selbst im Hauptstudium hat noch ein Fünftel einführenden Charakter. Die Ergebnisse der Enquete liegen auf dieser Linie: Mehr als die Hälfte der Veranstaltungen behandelt "Methoden der empirischen Sozialforschung"; der Anteil von Statistik ist mit etwa einem Viertel allerdings etwas höher als bei Hofmann. Ein guter Indikator für die Bedeutung der Methoden im Lehrangebot dürften Forschungspraktika sein. Diese werden angeboten in Augsburg, Bamberg, Bonn, Bremen, Düsseldorf, Frankfurt, Gießen, Göttingen, Hannover, Heidelberg, Karlsruhe, Köln, Mainz, Mannheim, München, Oldenburg, Osnabrück, Trier, Tübingen und Wuppertal. Die Rangordnung der ersten sieben dieser Einrichtungen nach der Häufigkeit des Angebots von Forschungspraktika ist: Wuppertal, Frankfurt, Bamberg, Trier, Tübingen, Mannheim, Osnabrück; danach folgen die Einrichtungen mit weniger als drei derartigen Veranstaltungsangeboten. Der Unterschied zur Untersuchung Hofmann liegt darin, daß dieser auf der Basis von 29 erfaßten Einrichtungen nur 11 mit einem Angebot an Forschungspraktika nennt: Duisburg, Göttingen, Berlin, Köln, Bochum, Tübingen, Düsseldorf, Gießen, Regensburg, Mainz und Konstanz. Insgesamt ist der Tenor seiner Untersuchung und der Berichte aus den einzelnen Einrichtungen klar: Es gibt beträchtliche Lücken in der Methodenausbildung.

Zur Klassifizierung des Theorieangebots erwiesen sich die Kategorien von Klima/Heitbrede als in mancher Hinsicht zu eng, was sich bei uns im hohen Anteil von fast einem Drittel an "sonstigen" Theorieveranstaltungsangeboten ausdrückt. Dahinter steht natürlich die schon von Heitbrede vermerkte zunehmende Diversifizierung des Fachs. Unter den Veranstaltungen sind besonders zahlreich solche zur "allgemeinen soziologischen Theorie" und zu einzelnen Klassikern (je 18 %). Das deckt sich mit den Tendenzen in der Untersuchung von Heitbrede und läßt sich mit ihr als eine Rückbesinnung auf die Tradition des Fachs interpretieren, die in den frühen 70er Jahren nicht absehbar war. Möglicherweise handelt es sich dabei aber auch um ein Zeichen von Ratlosigkeit (Stichwort: "Krise der Soziologie"): Im Bewußtsein unzureichender Theoriebildung zur Analyse des Gesellschaftswandels greift man jedenfalls in der Lehre auf die Klassiker zurück. Im übrigen ist bemerkenswert, daß wir im Unterschied zu Heitbrede keineswegs eine besondere Betonung der Handlungstheorie im Lehrangebot feststellen können: Nach unserer Zählung wird sie nicht häufiger angeboten als die Systemtheorie (je 7,5 %). Auch dieses Ergebnis könnte damit zusammenhängen, daß wir nur das Veranstaltungsangebot der soziologischen Ausbildungseinrichtungen erfaßt haben.

In den weiteren stark vertretenen Lehrgebieten stellen stets die "Großen Drei" einen Gutteil des Angebots. Sieht man davon einmal ab, lassen sich gewisse Schwerpunkte ausmachen: In der Wirtschaftssoziologie Hamburg U, Hannover und Oldenburg; in der politischen Soziologie Münster, Kassel, Osnabrück und Wuppertal; in der Makrosoziologie/Gesellschaftsanalyse Bamberg, Mainz, Marburg und Osnabrück; Familie/Jugend/Frauen findet sich besonders häufig im Lehrangebot in Dortmund, Hannover, Mainz und Wuppertal.

Die fast durchweg stark besetzte Kategorie "sonstige Ansätze" deutet auf einen Wandel des Interesses an Problemen und Themen hin, der auch in unserem Material, soweit erfaßbar, in die gleiche Richtung weist wie Heitbredes Vergleich von 1975 und 1985. Das Lehrangebot geht heute wie in den 70er Jahren auf aktuelle gesellschaftspolitische Probleme ein, aber die Interessenrichtung hat sich geändert. So haben Themen, die bisher typischerweise von der politischen Ökonomie, der marxistischen Theorie usw. behandelt wurden, zugunsten von Themen aus anderen Bereichen an Boden verloren: Das Angebot an Veranstaltungen aus dem Bereich Kultursoziologie und Institutionen/Organisationen ist, wie erwähnt, zahlreicher geworden ebenso wie Themen aus dem Bereich Familie/Jugend/Frauen, Sozialpolitik, Entwicklungssoziologie oder Wissenschaftssoziologie. Unser Versuch, die Angebotsklasse "Wirtschaftssoziologie" in der Klassifizierung von Klima durch die Einführung einer Unterklasse "Technik und Zukunft der Arbeit" um einer differenzierteren Diagnose willen zu erweitern, ergab, daß etwas über ein Fünftel der wirtschaftssoziologischen Veranstaltungen dieser Unterklasse zuzurechnen sind.

Neben der Verabschiedung bestimmter herkömmlicher und der Aufnahme neuer Themen in die Veranstaltungsangebote dürften sich für einige Themen die soziologischen Bearbeitungskontexte geändert haben. Bildungssoziologische Themen sind als solche seltener im Lehrangebot, tauchen aber in wirtschaftssoziologischen Veranstaltungen zu Arbeit und Beruf wieder auf. Im Bericht auf der Jahreskonferenz 1985 hatte G. Steinkamp darauf hingewiesen, daß nach der Umfrage von Hermanns/Oehler Bildungssoziologie vom allgemeinen Rückgang der Angebote im Bereich der Erziehungssoziologie besonders betroffen ist. Es scheint, daß auch die Wissenschaftssoziologie von der Umschichtung des Interesses weg von der Bildungssoziologie profitiert haben könnte.

Für die aktuelle Diskussion über die Soziologielehre

wichtig dürfte die Beobachtung von Heitbrede sein, daß Erkenntnisinteressen gegenüber Interessen an Praxisveränderung an Boden gewonnen haben und daß dieses letztere sich eher auf die "Bearbeitung sozialer Probleme in therapeutischer Perspektive" (126) richtet, jedenfalls wenn man den Rückgang des Lehrangebots aus dem Bereich der Planung, den steigenden Anteil aus dem Bereich Sozialarbeit/Resozialisation sowie den an vielen Einrichtungen steigenden Anteil der Mikrosoziologie als Indikator nimmt. Eine ähnliche Tendenz zeigt auch ein Ergebnis der schriftlichen Befragung von Mitgliedern der Sektion "Soziale Probleme und soziale Kontrolle", das G. Albrecht auf der Jahreskonferenz 1985 mitteilte: 63 % haben "eher eine praxisorientierte professionelle Ausbildung ... im Auge". Es wird aber auch darauf hingewiesen, daß "man sich in der Lehre mit einer solchen Orientierung auf ein gefährliches Pflaster begibt": Etwa 42 % der Lehrenden glaubt nämlich, "daß die Studierenden besonderes Interesse an unmittelbar verwendbarem Wissen haben". Auf Fragen dieser Art werden wir weiter unten näher eingehen.

c. Einige spezielle Probleme des Lehrangebots

Abschließend kommen wir auf drei problematische Punkte im Soziologieangebot zu sprechen, die in den Berichten eine breite Behandlung finden: Das Angebot in Methoden und in den speziellen Soziologien, im Grundstudium und in der Nebenfachlehre.

Nur in einem der Berichte wird das Lehrangebot in Methoden und in den speziellen Soziologien als uneingeschränkt zufriedenstellend beurteilt. Inhaltliche Lücken im Angebot werden fast immer auf die Personalausstattung zurückgeführt. Das gilt zunächst für die Mängel in der Methodenausbildung an kleineren Instituten (etwa Bonn und Würzburg), aber auch an relativ gut ausgestatteten Einrichtungen wie Hannover und Bremen; an zwei Einrichtungen erfolgt die Methodenausbildung primär durch Lehrbeauftragte. Forschungspraktika in unterschiedlichen Formen werden bei den meisten Einrichtungen mehr oder weniger regelmäßig angeboten, zumeist, wie erwähnt, ohne Verankerung in den Prüfungs- und Studienordnungen. Schwierigkeiten bei ihrer Betreuung werden von Hamburg und Gießen ausdrücklich berichtet. Inhaltliche Lücken im Angebot spezieller Soziologien die auf unzureichende Personalausstattung zurückgehen, sind in den Berichten von Berlin, Essen, Göttingen, München, Münster, Nürnberg und Passau erwähnt. Sie ergeben sich z.T. aus der personellen Ausstattung, so etwa in Passau, Nürnberg und München, z.T. aus Spezialisierungen und Interessen der Stelleninhaber. Das ist einer der stärksten Eindrücke aus der Auswertung der Lehrangebote und aus den Berichten über einzelne Einrichtungen, den wir oben bereits erwähnt haben: Wie sehr das Lehrangebot vor allem in den speziellen Soziologien und Methoden weniger durch Lehrpläne als durch die Interessen der Lehrenden bestimmt wird. Dazu ein Berichterstatter: "Das Lehrangebot im Fach Soziologie ist primär das Ergebnis individueller Planung, deren Kriterien teilweise außerhalb des Lehrbetriebs selbst zu suchen (Forschungsinteressen, Publikationsstrategien, Zeitbudgetierung) und nur für das erste Studienjahr mit dem groben Rahmen abgestimmt sind, den die Typen von Grundkursen vorgeben." Im besten Fall wird hier also etwas von der klassischen Verbindung von Forschung und Lehre sichtbar; es zeigt aber auch die Distanz zum Konzept der "aktiven Professionalisierung" der Soziologie.

Das Lehrangebot im Grundstudium wird in einigen Instituten wesentlich von Mitarbeitern gestellt, so in Berlin FU, Bonn, Düsseldorf und München. In der Mehrzahl der Einrichtungen, für die Angaben vorliegen, wird dieser Teil der Ausbildung sowohl von Professoren als auch von Mitarbeitern getragen, so in Darmstadt, Essen, Göttingen, Hamburg, Konstanz, Oldenburg und Tübingen. Beim Team-teaching sind die Professoren zumindest beteiligt, so in Bielefeld, Frankfurt und Marburg. "Im ... Seminar", schreibt ein Berichterstatter, "besteht intern der Konsens, daß jeder Hochschullehrer jedes Semester mindestens eine Anfängerveranstaltung anbieten soll". Diese insgesamt bemerkenswert starke Beteiligung der Professoren am Grundstudium findet sich auch in der Betreuung der Abschlußarbeiten. Zumindest an "großen" und "mittelgroßen" Einrichtungen dürfte sie sich in Zukunft als Folge der Verkleinerung des Mittelbaus noch verstärken.

In einem Bericht wird auch das Problem der Nebenfachlehre angesprochen: Die Bestimmung der Studienziele durch das nichtsoziologische Hauptfach. Der Korrespondent schreibt: Die Nebenfach-Soziologen in Magisterstudiengängen "sind oft ausschließlich auf ihr Hauptfach orientiert und haben relativ wenig von soziologischen Argumentations- und Denkweisen mitbekommen". Ein Berichterstatter einer nur mit Nebenfachausbildung befaßten Einrichtung bestätigt die Problematik des "Versuchs, Nebenfachstudenten in (notwendigerweise) einem Semester mit modernen Theorien der allgemeinen Soziologie 'vertraut' zu machen".

4. Zu Studienanfängern und Studienorientierungen

Die Beschreibung der Situation des Fachs mit Blick

auf Studenten und Studium beginnen wir mit der Entwicklung der Studienanfängerzahlen, die für die Situation des Fachs aussagekräftiger sind als die Gesamtzahl der Studierenden an den einzelnen Ausbildungseinrichtungen. Danach gehen wir auf die Stellungnahmen der Berichterstatter zu den einzelnen Stichworten bezüglich Studentenorientierung und Studierverhalten ein. Und zum Schluß versuchen wir eine knappe Interpretation dieser Stellungnahmen im Zusammenhang.

a. Die Entwicklung der Anfängerzahlen an den einzelnen Einrichtungen

Was die Entwicklung der Anfängerzahlen angeht, können wir zunächst einige Details der oben bereits angesprochenen Umschichtung der Studierenden weg vom Lehramt und hin zum Nebenfach feststellen. Im erfaßten Zeitraum, seit 1981, gehen die Anfängerzahlen im Lehramtsstudiengang stark und kontinuierlich zurück (vgl. Aufstellung 5). In keiner Einrichtung gab es 1985/86 mehr als 30 Anfänger in diesem Studiengang. In drei Einrichtungen ist der Studiengang oder Teile davon bereits eingestellt oder läuft aus (Aachen, Oldenburg, Osnabrück). Für 12 Einrichtungen fehlen Angaben. Betroffen sind Einrichtungen aller Größenordnungen. In Bielefeld z.B. nahmen im WS 1981/92 noch 125 Studierende im Lehramtsstudiengang Sozialwissenschaften I + II das Studium auf; in den WS 1984/85 und 1985/86 waren es noch 63 bzw. 28. Zum Vergleich die Anfängerzahlen für den Lehramtsstudiengang zu denselben Zeitpunkten: Oldenburg 47, 35, 1; Paderborn 73, 28, 15. Da Lehramtsstudiengänge ohne Einmündungschancen für die Absolventen in den Lehrerberuf zwar denkbar, aber politisch nicht durchsetzbar sind, könnte die Beteiligung soziologischer Ausbildungseinrichtungen an der Lehrerausbildung in Zukunft eher die Ausnahme sein.

Die Situation der <u>Nebenfachausbildung</u> (i.e.S.) stellt sich demgegenüber recht unterschiedlich dar. Die Anfängerzahlen schwanken zwischen mehr als 100 (in Düsseldorf, Erlangen, Mainz und Karlsruhe) und weniger als 30 (in Darmstadt, Gießen, Mannheim, Marburg und Saarbrücken); für 20 Einrichtungen fehlen Angaben. Bei den 16 Instituten, für die Angaben vorliegen, stellen sich die Entwicklungstendenzen uneinheitlich dar: Ein mäßiger Rückgang auf 1985/86 in Duisburg, Düsseldorf, Erlangen, Essen, Gießen, Göttingen, Mannheim und Stuttgart, häufig mit einem Anstieg auf 1983/84 verbunden, steht einem gleichbleibenden oder ansteigenden Zuwachs in Bonn, Darmstadt, Heidelberg, Karlsruhe, Kassel, Mainz, Marburg, Saarbrücken und Tübingen gegenüber. Insgesamt geben die Berichte den Eindruck einer steigenden zahlenmäßigen Bedeutung des Nebenfachstudiums. Auf längere Sicht könnte das vor allem dort der Fall sein, wo expandierende Fächer - Betriebswirtschaftslehre, Informatik, Biologie - eine inhaltliche Ausrichtung erhalten, die eine Ergänzung durch Soziologie als interessant erscheinen läßt: Nämlich die Sichtweise dieser Fächer durch die Vermittlung des "soziologischen Blicks" zu erweitern. Daß Studierende anderer Fächer dies honorieren, wird von einer stark in der Nebenfachausbildung engagierten Einrichtung mit großem Nachdruck berichtet: "Generell ist in den letzten Jahren zu beobachten, daß das Interesse und die Fähigkeit für ein engagiertes Soziologiestudium eher bei solchen Studenten zu finden ist, die Soziologie als Wahlfach ... studieren oder ein Zweitstudium im Fach Soziologie nach einem Fachhochschulstudium beginnen. Eine ausgesprochen hohe Motivation für das Fach Soziologie

Aufstellung 5: Entwicklung der Studienanfänger: 1981/82; 1983/84; 1985/86

	Diplom		Magister		Lehramt		Nebenfach		Bemerkungen
Aachen	XXX		--	160	XXX		k.A.		LA eingest.
Augsburg	k.A.		XXX		XXX		k.A.		
Bamberg	+/-	25	XXX		XXX		k.A.		
Berlin/FU	--- +++	156	XXX		XXX		XXX		
Bielefeld	--	80	XXX		---	28	k.A.		
Bonn	XXX		---	12	---	21	--- +++	76	
Bremen	k.A.		XXX		k.A.		k.A.		
Darmstadt	---	5	---	1	k.A.		+++	24	
Dortmund	k.A.		XXX		XXX		XXX		
Duisburg	++ --	207	XXX		--	k.A.	++ --	k.A.	
Düsseldorf	XXX		++ --	59	XXX		++ --	126	
Erlangen	XXX		++ --	42	---	0	++ -	122	
Essen	XXX		XXX		---	3	--	k.A.	
Frankfurt	+ --	137	XXX		k.A.		k.A.		
Gießen	k.A.		k.A.		k.A.		--	5	
Göttingen	++ --	117	---	22	---	22	-	44	
Hamburg/HWP	k.A.		XXX		XXX		XXX		
Hamburg/U	+	123	++	28	---	k.A.	k.A.		
Hannover	-- +++	264	- ++	167	---	25	k.A.		
Heidelberg	XXX		--- +++	101	XXX		-- ++	85	83/84 NC
Karlsruhe	XXX		XXX		XXX		+/-	101	
Kassel	XXX		---	24	k.A.		+/-	216	
Köln	k.A.		XXX		k.A.		k.A.		
Konstanz	XXX		k.A.		k.A.		k.A.		
Mainz	XXX		++ --	32	XXX		++	135	
Mannheim	--	70	++	7	k.A.		++ -	20	
Marburg	--	25	k.A.		XXX		+++	20	
München/U	+++	133	XXX		k.A.		k.A.		79-85 NC
Münster	XXX		++ --	44	---	13	k.A.		
Nürnberg	++ --	33	XXX		XXX		k.A.		
Oldenburg	---	39	+/-	31	---	1	k.A.		
Osnabrück	+++ ---	60	XXX		XXX		k.A.		LA eingest.
Paderborn	XXX		XXX		---	15	k.A.		
Passau	XXX		k.A.		k.A.		k.A.		
Regensburg	+ -	26	+++	24	k.A.		k.A.		
Saarbrücken	k.A.		k.A.		k.A.		-- ++	15	
Stuttgart	XXX		XXX		XXX		--	43	
Trier	--	40	+++ --	21	k.A.		k.A.		
Tübingen	XXX		-- ++	53	XXX		-- ++	37	
Würzburg	XXX		k.A.		XXX		k.A.		
Wuppertal	---	130	XXX		---	91	+++ --	490	

Erläuterungen

+++ über 50 % Zuwachs; ++ 15-50 % Zuwachs; + 5-15 % Zuwachs; --- über 50 % Rückgang; -- 15-50 % Rückgang; - 5-15 % Rückgang; bei zwei Angaben bezieht sich die obere Zahl auf die Veränderung auf 1983/84, die untere auf die Veränderung auf 1985/86.
Die Zahl 160 bedeutet z.B., daß es im WS 85/86 in Aachen 160 Studierende im Magisterstudiengang gab.

ist auch bei solchen Studenten ... anzutreffen, die sich in ihrem fächerübergreifenden Studium im Wahlpflichtbereich ihres Studiengangs für das Fach Soziologie entscheiden."

In der Hauptfachausbildung sind die Anfängerzahlen aufs Ganze gesehen deutlich rückläufig, sei es bereits auf 1983/84, sei es erst auf 1985/86 (vgl. Aufstellungen 5 und 6). Der Rückgang in dem oder den Studiengängen der Einrichtung betrifft 1985/86 insgesamt 17 Einrichtungen: Bielefeld (80 Anfänger), Frankfurt (137), Münster (44), Wuppertal (130), Göttingern (139), Marburg (25), Trier (61), Erlangen (42), Darmstadt (6), Mainz (32), Nürnberg (33), Aachen (160), Bonn (12), Düsseldorf (59), Duisburg (207), Osnabrück (60). Nicht ganz so eindeutig ist der Rückgang der Anfängerzahlen in Mannheim und Oldenburg, wo nur der Diplomstudiengang betroffen ist, sowie in Bamberg und Regensburg, wo die Anfängerzahlen im wesentlichen stagnieren. Die insgesamt rückläufige Entwicklung gewinnt an Deutlichkeit, wenn man die Einrichtungen dagegenhält, bei denen die Anfängerzahlen steigen. Unter den "Großen Drei" ist das in Berlin der Fall, unter den mittelgroßen Instituten in München U, sowie in Hamburg U und in Hannover, wobei die beiden letzteren sowohl einen Diplom- als auch einen Magisterstudiengang haben und in beiden steigende Anfängerzahlen aufweisen. Von den kleineren Einrichtungen haben Heidelberg und Tübingen im Haupt- wie im Nebenfach steigende Anfängerzahlen. Vom Rückgang der Studienanfängerzahlen, könnte man vielleicht vermuten, sind also nur die Einrichtungen mit einem in unterschiedlicher Hinsicht bevorzugten Standort nicht betroffen (Studentensubkultur, geographische Lage, Landeshauptstadt). Im übrigen wird im Bericht über eine dieser Einrichtungen festgestellt, daß auch

Aufstellung 6: Studienanfänger in Diplom- und Magisterstudiengänge 1981/82; 1983/84

	1981/82 D	1981/82 M	1983/84 D	1983/84 M
Aachen	XXX	217	XXX	198
Augsburg	k.A.	XXX	k.A.	XXX
Bamberg	25	XXX	25	XXX
Berlin/FU	274	XXX	83	XXX
Bielefeld	171	XXX	150	XXX
Bonn	XXX	78	XXX	11
Bremen	k.A.	XXX	k.A.	XXX
Darmstadt	18	4	19	3
Dortmund	k.A.	XXX	k.A.	XXX
Duisburg	k.A.	XXX	k.A.	XXX
Düsseldorf	XXX	70	XXX	83
Erlangen	XXX	47	XXX	55
Essen	XXX	XXX	XXX	XXX
Frankfurt	166	XXX	173	XXX
Gießen	k.A.	k.A.	k.A.	k.A.
Göttingen	127	43	191	49
Hamburg/HWP	k.A.	XXX	k.A.	XXX
Hamburg/U	115	15	123	28
Hannover	163	157	97 (NC)	137
Heidelberg	XXX	126	XXX	48
Karlsruhe	XXX	XXX	XXX	XXX
Kassel	XXX	k.A.	k.A.	XXX
Köln	k.A.	XXX	k.A.	k.A.
Konstanz	XXX	k.A.	XXX	k.A.
Mainz	XXX	35	XXX	48
Mannheim	83	5	84	5
Marburg	71	k.A.	45	k.A.
München/U	90	0	78	0
Münster	XXX	55	XXX	86
Nürnberg	49	XXX	67	XXX
Oldenburg	135	XXX	139	XXX
Osnabrück	k.A.	XXX	k.A.	XXX
Paderborn	XXX	XXX	XXX	XXX
Passau	XXX	k.A.	XXX	k.A.
Regensburg	26	13	29	13
Saarbrücken	k.A.	k.A.	k.A.	k.A.
Stuttgart	XXX	XXX	XXX	XXX
Trier	54	17	56	37
Tübingen	XXX	53	XXX	35
Würzburg	XXX	k.A.	XXX	k.A.
Wuppertal	232	XXX	232	XXX

hier für viele Studienanfänger Soziologie die zweitbeste Lösung ist ("Verlegenheitsstudium").

Was das Verhältnis des Magister- zu den Diplomstudiengängen betrifft, kann man nach der Entwicklung der Anfängerzahlen kaum vermuten, daß die Studienanfänger sich von der Diplomausbildung ab- und den eher "flexiblen" Magisterstudiengängen zuwenden. Es gibt einige Anhaltspunkte, festzumachen etwa in unterschiedlichen Tendenzen auf 1983/84 bzw. 1985/86, daß der Rückgang der Anfängerzahlen im Lehramtsstudiengang durch einen Zuwachs im Magisterstudiengang kompensiert wird. Das könnte jedoch eine Übergangserscheinung sein: Die durchweg stark steigenden Anfängerzahlen für das Nebenfach an den Einrichtungen, für die wir Angaben haben, lassen eher vermuten, daß sich der Rückgang der Studierenden im Lehramtsstudiengang letztlich in einer größeren zahlenmäßigen Bedeutung der Nebenfachausbildung niederschlagen wird.

Auf der anderen Seite ist, insgesamt gesehen, der zahlenmäßige Rückgang der Studienanfänger in den Diplomstudiengängen auf 1985/86 deutlich stärker als in den Magisterstudiengängen. An den 17 Einrichtungen mit Diplomstudiengang (für die wir Angaben haben), gab es 1985/86 1.552 Einschreibungen, an den 16 Einrichtungen mit Magisterausbildung waren es 816. Für 1983/84 und 1981/82 lauten die entsprechenden Zahlen für die Diplomausbildung 2.031 bzw. 2.126; in der Magisterausbildung 840 bzw. 942. Dabei konnte der Oldenburger Studiengang nicht berücksichtigt werden, weil er erst zum WS 1984/85 eingerichtet wurde. Im übrigen dürfte die Neueinrichtung eines Magisterstudiengangs allgemein nicht leicht zu realisieren sein. So schreibt der Korrespondent einer kleinen Einrichtung: "... beim ersten Anlauf ist der MA-Studiengang vom Ministerium abgelehnt worden; ein neuer Versuch wird vorbereitet". Unser Material enthält keine Hinweise auf Optionen für die zukünftige Gestaltung des Verhältnisses von Diplom- und Magisterstudiengang.

Was die Gesamtzahl der Studienanfänger im Fach betrifft, also der Hauptfachstudenten auch an den von uns nicht erfaßten Einrichtungen, gibt es derzeit nur die Angaben des Statistischen Bundesamtes, aufbereitet von Viehoff und abgedruckt auch in den Empfehlungen der Zentralen Studienreformkommission Politologie/Soziologie (170 ff.). Danach stagniert die Zahl der Studienanfänger seit 1980 und betrug 1981 4.724. Von 1960 an nahm die Anfängerzahl um den Faktor 13 zu. Eine stärkere Zunahme (um den Faktor 19) verzeichnet nur die Politikwissenschaft; in der Psychologie, den Wirtschaftswissenschaften und bei den Studienanfängern insgesamt hatte der Faktor den Wert 5 bzw. 3 bzw. 4 (Viehoff, 52 f.).

b. Zu Studentenorientierung und Studierverhalten

Zu den Veränderungen von Studentenorientierung und Studierverhalten seit den frühen 1970er Jahren enthielt der Erhebungsleitsfaden "Stichworte" aus der vorbereitenden Diskussion in Vorstand und Ausschuß für Lehre. Diese Stichworte wurden von den Berichterstattern eher unsystematisch aufgegriffen. Das Fehlen von Einschätzungen kann bedeuten, daß ein Berichterstatter zu einem Stichwort, z.B. "Negativselektion", keine "kognitiv fundierte" Stellungnahme abgeben konnte, aber auch, daß der mit dem Stichwort angesprochene Sachverhalt für ihn kein Problem war. Ein Korrespondent glaubte sich nur auf der Grundlage exakter Daten äußern zu sollen: "Da keine exakten Daten über die Soziologie-Studenten existieren, sind Aussagen über das Studierverhalten (Studienabbruch, Fachwechsel u.ä.) nicht möglich." Insgesamt haben wir von 9 der in der Enquete erfaßten 41 Einrichtungen zur Studentenorientierung und zum Studierverhalten keine Angaben. Nur von wenigen Instituten haben wir zu allen Stichworten verwertbare Einschätzungen erhalten. Und auch für diese gilt natürlich, daß die den einzelnen Aspekten von ein und demselben Berichterstatter beigelegte Bedeutung wie auch sein diesbezügliches Wissen verschieden sein können.

Wir beginnen mit dem Stichwort "Negativselektion" der Soziologiestudenten im Verhältnis zu den Studierenden anderer Fächer. Es wird in den Berichten oft interpretiert als niedrige Studienmotivation und/oder geringe Studierfähigkeit und meist mit einem regional begrenzten Einzugsbereich der Einrichtung und/oder Verlegenheitsstudium (NC im bevorzugten Fach) zusammengebracht. 23 Berichterstatter geben dazu eine Einschätzung ab. Für 8 Einrichtungen wird eine gewisse "Negativselektion" ausdrücklich in Abrede gestellt, für 15 andere Ausbildungseinrichtungen aber mehr oder weniger deutlich bejaht. Ein Berichterstatter schreibt dazu recht differenziert: "Zum einen gibt es die bekannte 'Negativ-Selektion': Studierende finden zu den Sozialwissenschaften bzw. der Soziologie, weil sie zum einen den naturwissenschaftlichen Fächern ausweichen, zum andern auch Fächern, die relativ rigide und von vornherein festliegende Studienkonzeptionen und Studienaufbau haben. Daneben funktioniert eine regional bedingte Selektion: Ein erheblicher Teil unserer Studierenden stammt aus ... (regionales ländliches Einzugsgebiet)". Was die in dieser Stellungnahme nicht berücksichtigte NC-bedingte "Selektion" betrifft, liegen

Daten einer Studienanfängerbefragung an einer mittelgroßen Einrichtung vor. Danach entschieden sich im SS 1982 42 %, im WS 1982/83 38 % und im WS 1983/84 22 % der Anfänger für das Studium der Sozialwissenschaften, weil sie ihren ersten Ausbildungswunsch nicht realisieren konnten. Insgesamt vermitteln die Stellungnahmen zum Stichwort "Negativselektion" den Eindruck, daß das Fach auch derzeit "gute" Studenten anzieht, der Anteil derer, für die es eher ein "Verlegenheitsstudium" darstellt aber nicht klein ist.

Wir werden weiter unten versuchen, diesen Befund im Zusammenhang der Reaktionen auf andere Stichworte zu interpretieren, nachdem wir diese überblicksartig dargestellt haben. Zunächst drei Stichworte: "Distanz gegenüber Theorie und/oder Methoden", "Betroffenheitsorientierung" sowie "Berufs- und/oder Bildungsorientierung". Sie ergaben sich aus den Diskussionen über einen Wandel studentischer Motivation als Rückzug von Gesellschaftspolitik, Beruf und Fachdisziplin.

Für 18 bzw. 19 Einrichtungen wurden Einschätzungen hinsichtlich der Distanz der Studierenden zu Theorie und/oder Methoden gegeben. Insgesamt wurde eine Distanz zur Theorie für 12 Einrichtungen verneint, eine solche zu den Methoden aber für 10 Einrichtungen bejaht. Eine Distanz sowohl zur Theorie wie zu den Methoden wurde für 5 Einrichtungen in Abrede gestellt, und nur in diesen Fällen kann man sagen, daß die Studentenorientierung auf die Kernbereiche des Fachs uneingeschränkt positiv beurteilt wurde. Für ebenfalls 5 Einrichtungen wurde die Distanz zu Theorie wie Methoden bejaht. Und für 4 Einrichtungen wurde zur Theorie keine Distanz, wohl aber eine solche zu den Methoden gesehen.

Daß die Studierenden häufig dazu neigen, einem intensiven Methodenstudium auszuweichen, wurde auch im Anschluß an die Untersuchung von Hofmann auf der Jahrestagung 1985 festgestellt. Der Korrespondent einer mittleren Einrichtung ist denn auch insofern selbstkritisch, als er studentische Distanz zur Methodenausbildung ausdrücklich auf eine Distanz auch der Lehrenden bezieht. Auch wenn die Methodenausbildung nicht ausschließlich durch Lehraufträge abgedeckt wird, kann doch schon vermuteter Mangel an Interesse einiger Professoren einer Einrichtung die Orientierung der Studierenden ungünstig beeinflussen. Was die Distanz der Studierenden gegenüber der Theorie angeht, so sind vergleichbare Einflüsse in keinem der Berichte erwähnt, wiewohl natürlich denkbar ist, daß pluralistisch-unverbindliche Präsentationen komplexer und schwer verständlicher Theorieangebote mit lockerem oder unreflektiertem Gegenstandsbezug ausreichend sein dürften, um bei den Studierenden Distanz zu soziologischer Theorie zu erzeugen.

Einer der Korrespondenten bündelte eine Reihe von Distanzmerkmalen zu einer Art Idealtyp des heutigen Soziologiestudenten: "Mangel an sozialkundlichem Struktur- und Detailwissen; Mangel an analytisch-formalen Qualifikationen, von daher Distanz gegenüber der Methodenausbildung; diffuse Vorstellungen vom Gegenstandsbereich des Fachs; Neigung zur Argumentation aus individueller Betroffenheit und Primärerfahrungen, z.T. auch gemäß orthodox-schematischen Vorurteilen in globaler gesellschaftlicher Perspektive; geringe Bereitschaft zur Trennung von Alltagssprache und theoretischer Sprache, von Deskription, Analyse und wertender Involviertheit; Schwierigkeiten bei vergleichender Betrachtung und beim Wechsel von Kontexten und Perspektiven". Wahrscheinlich findet sich dieser Typ nicht nur "bei den jüngeren Semestern", wie dieser Berichterstatter mit Blick auf seine Einrichtung meint, sondern auch bei Studenten höherer Semester und an den meisten Einrichtungen: Fast alle Berichte enthalten irgendwelche Hinweise in diese Richtung. Die Erhebung der Fachschaft an einer großen Einrichtung stellt fest, daß 20 % der befragten Studierenden angaben, bis zur Mitte des WS 1985/86 sich noch "nie" und 38 % sich nur "selten" an einer Seminardiskussion beteiligt zu haben. Als Grund dafür gaben 40 % der Frauen und 35 % der Männer an: "Weiß nicht genug". Ein solcher Befund ist natürlich auch bezeichnend für die Lehre am jeweiligen Institut.

Eine Betroffenheitsorientierung vieler Studierender wird von den Berichterstattern von acht Einrichtungen erwähnt. "Betroffenheitsorientierung" meint dabei eine Einstellung, die sich vor allem auf die Gefährdung des Weltfriedens, Umweltzerstörung und Diskriminierung der Frau bezieht und die sich aus der Verbundenheit mit sozialen Bewegungen speist. So notiert ein Berichterstatter "erhebliche Interessen ... an Themen, die im Bereich der 'neuen sozialen Bewegungen' interessant sind: Friedensbewegung und Rüstung, Probleme der Ökologie, Probleme der Jugendsoziologie usw. Dann kommen ... Interessen im Bereich des Komplexes 'Entwicklungsländer und Dritte Welt' und aus dem Bereich von Familiensoziologie und Sozialisation. Schließlich ist noch das starke Interesse an 'Frauenthemen' zu nennen." Die Antworten auf zwei offene Fragen der bereits erwähnten Fachschaftserhebung an einem großen Institut bestätigen diese Einschätzung aber nur zum Teil: 23 % (n = 86) sind für eine Ergänzung des Lehrangebots um Frauenforschung, 6,5 % (n = 24) um Entwicklungssoziologie, aber nur jeweils 0,8 % wünschen eine Ergänzung im Bereich der Friedensforschung und um den Komplex von Ökologie und Soziologie; die anderen Themen sind in dem übrigens recht konventionellen "Forderungskatalog" mit politischer Ökonomie an zweiter und allgemeiner Soziologie an dritter Stelle gar nicht enthalten.

Ein solcher Befund muß natürlich auf dem Hintergrund einer gewissen Entpolitisierung der Universitäten interpretiert werden; anders als in den frühen 1970er Jahren scheint die Universität heute nicht mehr als ein Hebel gesellschaftspolitischer Veränderung betrachtet zu werden. Damit ist aber keine Entpolitisierung der Studierenden gegeben: Es dürfte sich eher um einen Ortswechsel von Politik handeln, den ein Korrespondent wie folgt beschreibt: "Ein sehr erheblicher Teil der Studierenden ist in den 'neuen sozialen Bewegungen' und in sonstigen sozialen Aktivitäten engagiert; vermutlich eine größere Zahl, als je während der Studentenbewegung und danach politisch engagiert und aktiv war. Jedoch bemerkt man von diesem Engagement innerhalb der Universität und innerhalb der Lehrveranstaltungen relativ wenig. Eine Ausnahme davon stellen die Frauen dar." Im universitären Rahmen äußert sich Betroffenheitsorientierung der Studierenden vor allem bei der Abfassung der Abschlußarbeit. Ein Korrespondent meint etwas zugespitzt: "Frauen schreiben über Frauenprobleme, Sportler über Sport usw." (Vgl. auch K. Schroeder, 230) Die große Zahl von Diplom- und Magisterarbeiten etwa zu Frauenthemen läßt im übrigen vermuten, daß es eine Betroffenheitsorientierung der Studierenden auch an einigen der 33 Einrichtungen gibt, für die wir zu diesem Aspekt der Studentenorientierung keine Angaben haben.

Für 22 Ausbildungseinrichtungen liegen Angaben zum Stichwort "Bildungs- und/oder Berufsorientierung" des Studiums vor. Insgesamt wurde für 17 Einrichtungen eine Bildungsorientierung vieler Studierender bejaht, eine Berufsorientierung aber nur für 8 Einrichtungen, wobei die erstere von manchem Berichterstatter eindeutiger konstatiert wurde als die letztere. Bemerkenswert ist, daß ein gewisser Vorrang der Berufsorientierung eigentlich allenfalls für vier Einrichtungen berichtet wird, und daß das Nebeneinander von Berufs- und Bildungsorientierung in neun Instituten wohl eher als ein Nacheinander interpretiert werden muß mit stärkerer Berufsorientierung beim Studienabschluß. Dazu der Berichterstatter einer großen Einrichtung: "Eine Berufsorientierung wird erst spät, im Zusammenhang mit dem Studienabschluß spürbar: Sie mündet dann häufig in ein Zweitstudium etwa der Betriebswirtschaft ein." Die schon erwähnte Studienanfängerbefragung eines mittelgroßen Instituts aus dem Wintersemester 1983/84 ergab, daß sich 42 % der 139 Befragten aus einem "nicht-verwertbarkeitsorientierten Interesse" (Interesse an Bildung, Wissenserweiterung u.ä.) heraus für ein Studium im sozialwissenschaftlichen Studiengang entschieden haben, während bei nur 14 % ein "deutliches Interesse an Verwertbarkeit" das vorrangige Motiv war; lediglich ein knappes Viertel der Befragten hatte eine konkrete Berufsvorstellung. Ergebnisse für Hamburg (Bülow/Markus, 7 f.) und für München (Lamnek, 109) weisen noch stärker in diese Richtung. Sieht man also von den erwähnten vier Einrichtungen ab, dann trifft wahrscheinlich zu, "daß die bewußte Planung von Berufsverläufen ein forschungslogischer Mythos ist" (Bülow/Markus, 8). Selbst für Wuppertal wird festgestellt, daß die "'Berufsbezogenheit' bei der Entscheidung, speziell Sozialwissenschaften zu studieren, nur bei jedem 6.

Studenten an der Spitze der Entscheidungsgründe" steht, "obwohl fast zwei Drittel der Studenten die Aufnahme eines Studiums als eine Voraussetzung dafür ansehen, um einen konkreten, sie interessierenden Beruf ergreifen zu können; ... d.h. aber auch: obwohl den Studenten die relativ schlechten konkreten Berufschancen der Sozialwissenschaftler bekannt sind, lassen sie sich dennoch nicht abschrecken, das zu studieren, was sie wirklich interessiert. Und geht man von den aktuelleren Ergebnissen der Befragung im SS 1980 aus, dann haben sich immerhin 20 % der Studenten für das Studium der Sozialwissenschaften entschieden aufgrund 'eines konkreten Engagements im Bereich sozialer Probleme' oder aber mit dem Ziel, in erster Linie eine allgemeine 'gesellschaftskritische Perspektive zu gewinnen'." (Brusten/Schmidt, 46) Für 10 Einrichtungen wird eine Bildungsorientierung bejaht, eine Berufsorientierung aber mehr oder weniger deutlich verneint; darunter sind auch zwei große Institute, die nur im Diplomstudiengang für Soziologie ausbilden. Das sollte im Zusammenhang der "aktiven Professionalisierung" der Soziologie zu denken geben. Es dürften vor allem Einrichtungen sein, an denen eine "kulturalistisch-literarische" Soziologie gelehrt wird; aber: auch hier studiert eine "postliterarische Studentenschaft", wie ein Korrespondent sagt: Es werden "keine Bücher mehr gelesen".

c. <u>Probleme für Lehre, Studienberatung und Studienerfolg</u>

Die Beeinflussung des Studierverhaltens durch Lehre und Studienberatung bildet einen weiteren Komplex des Studierverhaltens, der unter den Stichworten "Vermittlungsprobleme" und "Studienberatung als Steuerungsmittel" thematisiert wurde. <u>Probleme in der Lehre</u> werden in

15 der 41 Berichte erwähnt, und nur in zwei Fällen ausdrücklich in Abrede gestellt. Dazu bemerkt der Korrespondent einer dieser Einrichtungen stichwortartig: "Vor allem in 'Sozialplanung' in den meisten Fällen ein interessiertes, angesichts der Berufssituation engagiertes Studium." Daß auch bei hohem Engagement "große Vermittlungsprobleme" bestehen können, berichtet ein anderer Korrespondent: "... auf seiten der Studierenden, und zwar auch bei den Quereinsteigern aus dem Lehramtsstudiengang, (bestehen) kaum fachliche oder fachbezogene Vorkenntnisse ..." Daß von derartigen Problemen nur für 15 Einrichtungen die Rede ist, heißt vermutlich nur, daß sie von diesen Berichterstattern als besonders gravierend empfunden werden. Die Ursachen für die Probleme werden in z.T. drastischen Bemerkungen über das Studierverhalten erwähnt und überschneiden sich insoweit mit den Äußerungen zum Stichwort "Negativselektion".

Für etwa die gleiche Anzahl Einrichtungen mit Stoffvermittlungsproblemen, liegen auch Einschätzungen zur Wirksamkeit der Studienberatung als Steuerung des Studierverhaltens vor. Deren Wirksamkeit wird fast durchweg bezweifelt. Annähernd typisch ist folgende Einschätzung: "Die Studienberatung konzentriert sich im Grundstudium auf technische Hilfen bei der Studienplanung und Koordination der diversen Teilanforderungn und Fächer. Eine intensive Studienberatung im Zusammenhang mit wissenschaftlichen Problemen wird meist erst bei der Wahl des Themas der Abschlußarbeit aktuell. Auf seiten der Lehrenden besteht die Absicht, diese verspätete Form der Studienberatung vorzuverlegen bzw. die Studierenden zu motivieren." In einem anderen Bericht wird die Vielzahl von Beratungsinstanzen problematisiert: Professoren,

Assistenten, Fachschaft usw., und von einem kleinen Institut wird berichtet, daß "die wichtigsten Weichen ... von einer ex officio zur Studienberatung gar nicht befugten Instanz gestellt (werden): Vom Sekretariat und den dortigen Hilfskräften." Der Korrespondent einer der großen Einrichtungen berichtet dagegen von einem ausgesprochenen Interesse der Studierenden an einer intensiven und differenziert angelegten Beratung in jeder Studiumsphase. Unsere Vermutung der Entpolitisierung der Universität wird durch die Stellungnahmen zum Stichwort "Studienberatung" gestützt: Nur eine Stellungnahme moniert studentische Studienberatung mit politischem Vorzeichen, als Versuch nämlich, "die Neulinge gleich über richtige und falsche Soziologie aufzuklären".

Ein Zusammenhang der Probleme von Studienberatung und Stoffvermittlung ist häufig nicht erkennbar: Nur in neun Fällen werden für beide Aspekte der Lehre in den Berichten Angaben gemacht, wobei nicht alle Korrespondenten die Vermittlungsprobleme bejahen und auch nicht alle die Wirksamkeit der Studienberatung verneinen. In sechs Fällen werden Vermittlungsprobleme, nicht aber solche der Studienberatung erwähnt.

Drei Stichworte betreffen den Studienerfolg: Die Abbrecherquote, die Tendenz zur Studienverlängerung und die Einschätzung des Studienerfolgs. Eine hohe Abbrecherquote, z.T. ausdrücklich auf das Grundstudium bezogen, wird für 10 Einrichtungen festgestellt, für 3 ausdrücklich verneint. "Von Abbrechern oder Umsteigern muß es nur so wimmeln, wenn man die Zahl der Karteikarten mit der der in den Veranstaltungen Anwesenden und diese mit der Zahl der Absolventen vergleicht", so der Berichterstatter einer kleinen Einrichtung. In einem Bericht über ein mittleres Institut wird das "relativ häufige plötzliche Verschwinden 'guter' Studenten" registriert, "die sich schon in den ersten Semestern so qualifiziert hatten, daß man sie als Individuen bereits wahrgenommen hatte". Der Berichterstatter erwähnt aber auch das mit dieser Stellungnahme verbundene Informationsproblem, das sich auch anderen Berichterstattern gestellt haben dürfte, daß es nämlich "eigentlich eine Schande (sei), daß wir darüber ... keine genauen Angaben haben, da wir in den Statistiken immer nur die Salden bilanzieren. Angesichts der großen Zahl von Studenten bei nur relativ wenigen Abschlußprüfungen müssen wir eine sehr große Fluktuations- bzw. Abbruchquote haben."

Das Stichwort "Tendenz zur Studienverlängerung" hat 24 Berichterstatter zu einer Stellungnahme veranlaßt. Für 14 Einrichtungen wird eine solche Tendenz bejaht, für 10 wird sie verneint. Der Korrespondent einer großen Einrichtung zitiert Zahlen aus der Universitätsstatistik. Danach betrug der Anteil der Studierenden mit 12 und mehr Semestern im Hauptfach Soziologie im WS 1985/86 31 %; bei den Studierenden im Lehramtsstudiengang lag der Anteil sogar bei 50 %. Ein anderer Berichterstatter schreibt entrüstet: "Es gibt Leute, die mit 30 zum Magister- oder Lehramtsexamen antreten und überhaupt nichts Erklärenswertes daran finden". Für die Studienverlängerung geben eine Reihe von Korrespondenten Gründe an: Die Notwendigkeit, aber auch die Möglichkeit des Erwerbs während des Studiums bzw. als Student; Student als anerkannter Status, der mancherlei Vorteile mit sich bringt; die Zugehörigkeit zu einer studentischen Subkultur; und ein Mehrfächerstudium. In einem Bericht wird daher vorgeschlagen, die Zunahme des Anteils von Langzeitstudenten "weniger als Tendenz zur Verlängerung des Studiums im eigentlichen Sinn" zu deuten: die Zunahme weise mehr auf ein arbeitsmarktbedingtes und statustechnisch motiviertes Verhalten einer kleinen Zahl von Immatrikulierten hin (beibehalten der studentischen Existenz und ihrer 'Vorzüge', die Einbindung in Gruppenstrukturen, günstige Versicherungsbeiträge usw.)."

Derselbe Korrespondent schlägt vor, auch den "sich rechnerisch abzeichnenden Trend geringerer Studienerfolge (von 70 % bis unter 40 %) ... unter ähnlichen Gesichtspunkten" zu interpretieren. Für 17 Eirichtungen haben wir eine Einschätzung des "Studienerfolgs". Ein im ganzen eher "guter" Erfolg der Absolventen wird von immerhin 11 Einrichtungen mitgeteilt, fast immer mit der Einschränkung "zum Teil guter Erfolg" oder "gute Diplomarbeit" oder "quantitativ nur mäßiger Erfolg"; manchmal werden auch "gute Noten" als Indikator genommen. Als eher "mäßig" oder "unterschiedlich" wird der Studienerfolg für 6 Einrichtungen eingeschätzt. Für eine Einrichtung stellt der Berichterstatter unverblümt fest, daß man im Abschlußexamen nicht durchfallen könne. Im Bericht des Diplomprüfungsausschusses an den Fachbereichsrat eines mittleren Instituts wird auf der Datengrundlage von 1982 und 1983 ein Scheitern in der Diplomhauptprüfung als "äußerst unwahrscheinlich" dargestellt; "die häufigsten Noten waren 1 und 2; die arithmetischen Mittel lagen niedriger als 2". Ähnliche Daten weist die Statistik über Prüfungserfolg und Studiendauer für Diplomsoziologen einer großen Eirichtung für 1984 aus: Bei 153 bestandenen Prüfungen lag die Durchschnittsnote bei 1,4 und die durchschnittliche Studiendauer bei 12,6 Semestern. Es gibt unter den 24 Eirichtungen, für die wir keine Einschätzungen des Studienerfolgs haben, sicher noch einige, für die Ähnliches zutrifft. Dennoch meinen wir nach dem Eindruck aus relevanten Passagen in den uns zur Verfügung stehenden Berichten, daß es falsch wäre, die zum Schluß referierten Mitteilungen zu generalisieren.

d. Zusammenfassende Interpretation

Beim Versuch die verschiedenartigen Aspekte der Beurteilung von Studentenorientierung und Studierverhalten im Zusammenhang zu interpretieren, stellen wir die Einrichtungen einander gegenüber, für die eine "Negativselektion" der Studierenden festgestellt bzw. verneint wurde. Auffällig ist zunächst, daß unter den ersteren alle Einrichtungen sind, die neuerdings noch einen Zuwachs an Studienanfängern zu verzeichnen haben. Mit einer Ausnahme wird für alle diese Einrichtungen auch noch eine Tendenz zur Studienverlängerung festgestellt. Das stützt die Vermutung, daß die Gründe für den Zuwachs der Anfängerzahlen eher im Standort als in den Studienbedingungen im engeren Sinne gesehen werden müssen. Es macht aber auch klar, daß ein überregionales Einzugsgebiet nicht immer auch "gute" Studenten bringt. Wenn man alle Einrichtungen, für die die "Negativselektion" festgestellt wird, mit denen vergleicht, für die sie ausdrücklich verneint wird, fällt weiter auf, daß die Einschätzung des Studienerfolgs keinen Unterschied macht, wohl aber die "Größe" der Einrichtung: Einrichtungen, die eine "Negativselektion" verneinen, sind nach Studentenzahl und personeller Ausstattung eher "klein". Die beiden hier beschriebenen Kategorien von Einrichtungen unterscheiden sich weiter im Hinblick auf die Einschätzung der Studentenorientierung: Während "Bildungs- und/oder Berufsorientierung" keinen Unterschied machen, läßt sich für die Einrichtungen mit "Negativselektion" häufiger

"Betroffenheitsorientierung" und "Distanz zu Theorie und/oder Methoden" feststellen als für die Einrichtungen der anderen Kategorie. Während beide Kategorien von Einrichtungen sich hinsichtlich der perzipierten Vermittlungsprobleme nicht unterscheiden, wird für die mit "Negativselektion" häufiger als für die anderen ein Nichtfunktionieren der Studienberatung berichtet. Deutliche Unterschiede ergeben sich auch hinsichtlich der Abbrecherquote und der Studienverlängerung: Die Einrichtungen mit "Negativselektion" tendieren deutlich eher zu hohen Abbrecherquoten und zu Studienverlängerung. Die Einschätzung des Studienerfolgs macht erwartungsgemäß keinen Unterschied, wird doch auch ein "guter" Studienerfolg stets irgendwie von den Berichterstattern relativiert.

Zusammengefaßt wird man sagen können, daß es trotz der generellen Problematik und der Vielzahl fehlender Einschätzungen zu den von uns genannten Problempunkten sowie der lokalen Besonderheiten Konfigurationen von Studentenorientierung und Studierverhalten gibt, die sich an der Einschätzung der Studienmotivation und der Studierfähigkeit festmachen lassen. Man könnte vielleicht verallgemeinern: Steigende Anfängerzahlen sind nicht unproblematisch und die gute Ausstattung von Einrichtungen mit Personal allein reicht noch nicht für eine optimale Ausbildung.

5. Nachwuchsförderung

Wir schließen den Bericht mit Ausführungen zur Nachwuchsförderung, die in den Diskussionen von Vorstand und Ausschuß für Lehre ein zentraler Punkt war, nicht nur mit Blick auf den engen Stellenmarkt für Absolventen, Promovierte und Habilitierte, sondern auch als Problem der Lehre zur Sicherung der (inneren) Entwicklung des Fachs. Als letzteres wird Nachwuchsförderung in 27 Berichten angesprochen.

Die Bestandsaufnahme ergibt zunächst, daß in praktisch allen Einrichtungen, einschließlich der drei großen, eine solche Förderung nicht systematisch betrieben wird. Bei Ausschöpfung aller Möglichkeiten der Förderung im herkömmlichen Rahmen kann der folgende Bericht einer mittleren Einrichtung als typisch gelten: Nachwuchsförderung "erfolgt in intensiver Einzelbetreuung - meist schon während der Diplomarbeitsphase - im Rahmen eines Promotionsstudiums mit Schwerpunkt Dissertation. Falls möglich, werden Anträge auf Promotions- und Auslandsstipendien unterstützt und Einstellung in Drittmittelprojekten angestrebt. In letzter Zeit wurde auch durch Teilung von Assistentenstellen in jeweils zwei halbe Stellen versucht, wissenschaftlichen Nachwuchs zu fördern". Es ist klar, daß die Ausnutzung dieser Förderungsmöglichkeiten eine gewisse Größe und Ausstattung des Instituts voraussetzt. Dies gilt auch für die Nachwuchsförderung im Rahmen von Forschungsprojekten, die in fast allen Stellungnahmen als Förderungsform genannt werden. Der Korrespondent eines mittleren Instituts berichtet nicht ohne Stolz, daß er "in den letzten ca. 7 Jahren (z.T. mit Kollegen etc.) ... selbst ca. 1,5 Mio. DM eingeworben und für Forschung mit Nachwuchs verwendet" habe. Von einer anderen Einrichtung wird berichtet: "Der Forschungsschwerpunkt hat rund 70 empirische Forschungsprojekte seit 1979 durchgeführt, von denen die Hälfte etwa abgeschlossen ist, die andere Hälfte zur Zeit noch läuft. Bei der geringen Produktion hauseigenen Nachwuchses war es kein Problem, hier den Nachwuchs zu fördern. Vielmehr mußten Absolventen anderer soziologischer Institute in aller Regel von außerhalb geholt werden. Im Rahmen des Forschungsschwerpunktes werden auch die meisten Dissertationen betreut ... Die Drittmittelforschung trägt erheblich zur Förderung des Nachwuchses und zur Finanzierung der wissenschaftlichen Einrichtung bei." Der Berichterstatter einer großen Einrichtung relativiert diese Sicht indem er auf die massiv verschlechterten Anstellungsverhältnisse von Mitarbeitern in Drittmittelprojekten hinweist: Unentgeltliche Arbeit bei der Erstellung des Antrags, lange Begutachtungszeiten, Bewilligung nur "halber" Stellen für Nicht-Promovierte, Vergütung auch von Promovierten nach BAT IIIa u.a. Anzumerken ist noch, daß in Mannheim in der Nachwuchsförderung die Mitarbeit in Forschungsprojekten mit einem Promotionsstudiengang und in Augsburg mit einem Aufbaustudiengang verbunden ist. In Bielefeld ist der Versuch, einen Promotionsstudiengang einzuführen, gescheitert.

Zur Frage der Aufbaustudiengänge haben 26 Berichte Stellung genommen. Aufbaustudiengänge werden weithin für wünschenswert gehalten (17 Einrichtungen), die Mehrzahl der Berichterstatter meint aber gleichzeitig, daß der Versuch, ihn einzurichten, wenig realistisch sei, oder sie äußern sich zu Frage der Realisierungschancen nicht. Die Hauptschwierigkeite wird in der Regel in der unzureichenden Personalausstattung gesehen, was aber nicht für alle Einrichtungen zutrifft, von denen die Berichterstatter Skepsis oder Ablehnung vermerken. Der Berichterstatter einer großen Einrichtung schreibt z.B.: "Unter den gegenwärtigen Bedingungen für den wissenschaftlichen Nachwuchs wird die Institutionalsierung eines forschungsorientierten Aufbaustudiums nicht für notwendig gehalten. Dies angesichts der Erfahrung, daß die wenigen Stellenangebote für Soziologen sehr disparate Qualifikationsanforderungen enthalten ... Auf der anderen Seite bietet die künftige Diplomprüfungsordnung mit ihren Wahlpflichtfächern Volkswirtschaftslehre und Rechtswissenschaft gute Voraussetzungen für praxisbezogene Aufbaustudiengänge, auf die auch mit den gegnwärtigen Arbeitsbedingungen nicht verzichtet werden sollte." Zweifel an Arbeitsmarkteffekten führten in Mannheim dazu, daß der Versuch, einen Aufbaustudiengang "Vergleichende Institutionenlehre" einzurichten, von der Wissenschaftsbürokratie abgelehnt wurde. Man wird vermuten können, daß an anderen Orten die Versuche zur Einrichtung eines Aufbaustudiengangs bereits in den Fachbereichen und Universitäten scheitern würden, und zwar nicht nur aufgrund studentischen Protests, von dem im Bericht über eine große Einrichtung ausdrücklich die Rede ist: "Von seiten der Studenten (zumindest der institutionell repräsentierten) gibt es derzeit eine - im Kontext der gegenwärtigen Hochschulpolitik verständliche, aber weit über das Ziel hinausschießende - polemische Kampagne gegen alle Formen von 'Elitestudium', wozu auch Aufbaustudiengänge gerechnet werden."

Literatur

BOLTE, K.P., 1978: Zur Situation soziologischer Forschung und Lehre in der Bundesrepublik Deutschland. In: Ders. (Hrsg.), Materialien aus der soziologischen Forschung, München: DGS, S. 1-18.

BRUSTEN, M./G. SCHMIDT, 1981: Sozialstruktur, Studienmotivation und Berufsperspektive von Studenten der Sozialwissenschaften. In: bds-info, Nr. 1, S. 34-61.

DEUTSCHE GESELLSCHAFT FÜR SOZIOLOGIE, 1980: Vorschlag für die personelle Mindestausstattung des Fachs Soziologie mit Hauptfachstudiengang. In: Soziologie Nr. 1, S. 45-50.

DIES., 1986: Stellungnahme des Vorstandes zu den Empfehlungen der Studienreformkommission Politikwissenschaft/Soziologie der Ständigen Kommission für die Studienreform. In: Soziologie, Nr. 1, S. 29-36.

HEITBREDE, V., 1986: Identifikation einer Disziplin. In: Soziale Welt, S. 107-142.

HERMANNS, H./Chr. OEHLER, 1986: Zur Lage der Bildungs- und Erziehungssoziologie. In: Soziologie, Nr. 1, S. 52-66.

HOFMANN, G., 1986: Die methodologische Ausbildung von Soziologen. In: Soziologie, Nr. 1, S. 37-51.

KLIMA, R., 1979: Die Entwicklung der soziologischen Lehre an westdeutschen Universitäten 1950-1975. In: Kölner Zeitschrift für Soziologie und Sozialpsychologie, Sonderheft 21, S. 221-256.

LAMNEK, S., 1984: Praxis und Berufsfeldorientierung der Soziologenausbildung. In: Soziologie, Nr. 2, S. 103-129.

LINK, R., 1985: Prüfungsanforderungen sozialwissenschaftlicher Studiengänge an bundesdeutschen Hochschulen. In: G. LUMM (Hrsg.), Ausbildung und Berufssituation von Soziologen - Anwendung und Professionalisierung der Soziologie, Bielefeld: AJZ, S. 59-90.

LUTZ, B., 1984: Zur gesellschaftlichen Entwicklung der Soziologie: Überlegungen zu zukünftigen Chancen und Problemlagen. In: Ders. (Hrsg.), Soziologie und gesellschaftliche Entwicklung, Frankfurt: Campus, S. 17-26.

NEIDHARDT, F., 1978: Identitäts- und Vermittlungsprobleme der Soziologie: Über den Zustand der Soziologielehre an den Universitäten. In: R.M. LEPSIUS (Hrsg.), Zwischenbilanz der Soziologie, Stuttgart: Enke, S. 426-452.

SCHROEDER, K., 1985: Berliner Soziologie im Wechsel der politischen Moden. In: GRÜHN, D./K. SCHROEDER/W. SÜSS (Hrsg.), Wider das Krisengerede in den Sozialwissenschaften - oder: wozu noch Soziologie? Bielefeld: AJZ, S. 229-254.

SEKRETARIAT DER STÄNDIGEN KONFERENZ DER KULTUSMINISTER DER LÄNDER IN DER BUNDESREPUBLIK DEUTSCHLAND, GESCHÄFTSSTELLE FÜR DIE STUDIENREFORMKOMMISSIONEN (Hrsg.), 1985: Empfehlungen der Studienreformkommission Politikwissenschaft/Soziologie, Bd. 2: Soziologie, Bonn: KMK.

SIEFER, G., 1985: Sozialwissenschaftler/Sozialwissenschaftlerin. Blätter zur Berufskunde, Bd. 3, 8. Aufl. Bielefeld: Bertelsmann.

VIEHOFF, L., 1984: Zur Entwicklung der Soziologie an den Hochschulen der Bundesrepublik Deutschland von 1960-1981. In: Zeitschrift für Soziologie, S. 264-272.

DERS., 1985: Der Ausbau der Soziologie seit 1960 - Entwicklung und Folgen. In: G. LUMM (Hrsg.), Ausbildung und Berufssituation von Soziologen - Anwendung und Professionalisierung der Soziologie. Eine Bibliographie (1970-1984) mit zentralen Übersichtsbeiträgen, Bielefeld: AJZ, S. 51-58.